일러두기

- 본문에 진하게 표시한 용어는 '용어 설명'에 정리·설명했습니다.
- 일러스트레이션은 수채화 종이에 구아슈(물과 고무를 섞은 불투명한 수채 물감)를 사용해 그렸습니다.

Text and illustrations © 2024 Geo Rutherford
First published in the English language
By Abrams Books for Young Readers, an imprint of ABRAMS, New York
ORIGINAL ENGLISH TITLE: SPOOKY LAKES
(All rights reserved in all countries by Harry N. Abrams, Inc.)

Korean translation copyright © 2025 by Dongnyok Publishers
Korean translation rights arranged with Harry N. Abrams, Inc.
Through EYA Co., Ltd

이 책의 한국어판 저작권은 EYA Co., Ltd를 통해 Harry N. Abrams, Inc.와 독점 계약한 '도서출판 동녘'에 있습니다. 저작권법에 의하여 한국 내에서 보호를 받는 저작물이므로 무단전재 및 복제를 금합니다.

으스스 호수
용암호부터 독성 호수까지, 25가지 무시무시한 호수 이야기

초판 1쇄 펴낸날 2025년 10월 31일

지은이 지오 러더퍼드　　**편집** 김혜윤 김현정 이심지 이정신 이지원 홍주은
옮긴이 이충호　　　　　**디자인** 김태호
펴낸이 이건복　　　　　**마케팅** 임세현
펴낸곳 도서출판 동녘　　**관리** 서숙희 이주원

만든 사람들
편집 이지원　　**디자인** 김아미

인쇄·제본 영신사　　**라미네이팅** 북웨어　　**종이** 한서지업사

등록 제311-1980-01호 1980년 3월 25일
주소 (10881) 경기도 파주시 회동길 77-26
전화 영업 031-955-3000　편집 031-955-3005　팩스 031-955-3009
홈페이지 www.dongnyok.com　전자우편 editor@dongnyok.com
페이스북·인스타그램 @dongnyokpub

ISBN 978-89-7297-180-1 (74400)

- 잘못 만들어진 책은 구입처에서 바꿔 드립니다.
- 책값은 뒤표지에 쓰여 있습니다.

제품명: 도서　제조자명: 도서출판 동녘　주소: (10881) 경기도 파주시 회동길 77-26　전화번호: (031) 955-3000
제조년월: 2025년 10월　제조국: 대한민국　사용연령: 7세 이상　주의사항: 책의 모서리가 날카로우니 다치지 않게 유의하세요.
KC 마크는 이 제품이 공통 안전기준에 적합하였음을 의미합니다.

암석과 공포 영화를 좋아하고, 딸의 이름을 '지오(Geo)'로 지은 샌드라에게 이 책을 바친다.
과학에 해박한 엄마를 둔 것은 최고의 축복이다.

일본 최대 규모의 호수인 비와호는 세상에서 가장 오래된 호수 중 하나로, 다양한 철새가 들르는 도래지와 사찰이 많은 것으로도 유명하다.

차례

들어가는 글 ··· 6

호수에 관한 이런저런 사실 ····························· 8
슈피리어호 ··· 10
루프쿤드호 ··· 16
카라차이호 ··· 18
니카라과호 ··· 22
니라공고산 용암호 ······································ 24
독성 호수 ··· 28
옐로스톤 온천 ··· 30
카인디호 ·· 34
세노테 ··· 36
젤리피시호 ··· 40
칼리호 ··· 42
카와이젠호 ··· 46
보스토크호 ··· 48
마라카이보호 ·· 52
니오스호 ·· 54
피치호 ··· 58
스피릿호 ·· 60

치엔다오호 ·· 64
샤간호 ·· 66
해저 염수호 ·· 68
나트론호 ·· 72
크레이터호 ··· 76
과타비타호 ··· 78
더 샤프트 ··· 82
바이칼호 ·· 84

나가는 글 ·· 88
작가의 말 ·· 89
용어 설명 ·· 90
찾아보기 ·· 92
참고 문헌 ·· 94

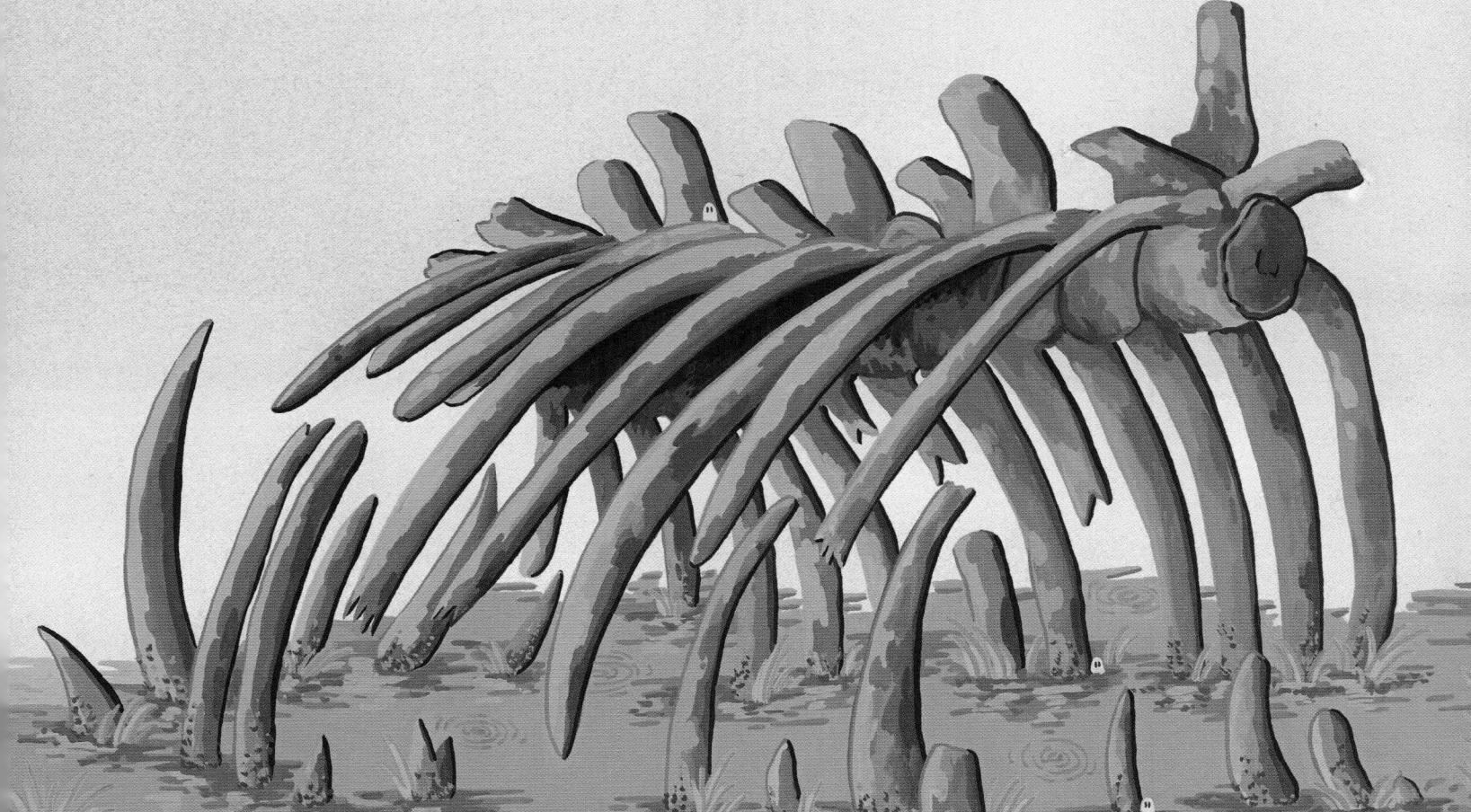

들어가는 글

육수학 세계에 온 것을 환영해! 자, 이제 이 세상에서 가장 기이한 호수들을 둘러보는 모험에 나설 테니, 마음의 준비를 단단히 해! 호수는 겉모습처럼 늘 평온한 것만은 아니야. 많은 호수에는 기괴한 미스터리와 놀라운 사실이 숨어 있는데, 아마 그걸 들으면 소름이 쫙 돋고 등골이 서늘해질걸? 엠파이어 스테이트 빌딩을 집어삼킬 만큼 깊은 호수와 화산 한가운데에 **용암**이 부글거리는 호수를 상상해 봐. 또 염분이 너무 높아서 그 속에 빠진 동물을 미라로 만들어 버리는 호수는 어때? 자연계에 이토록 으스스한 장소가 있다고? 이 호수들을 오싹한 곳으로 만드는 주인공은 유령이나 시체를 파먹는 귀신이 아니야. 자연 현상이나 과학적으로 기묘한 현상, 인간 활동, 자연 재해, 혹은 잔잔한 수면 아래에 숨어 있는 미스터리가 그 주인공이지.

그런데 호수란 무엇일까? 호수는 땅이 우묵하게 꺼진 **지형**에 물이 채워진 장소야. 크기나 깊이, 모양, 심지어 물의 색까지 아주 다양해. 호수는 얼음으로 뒤덮인 극지방에서부터 열대 우림에 이르기까지 전 세계 각지에 퍼져 있어. 민물로 채워진 호수(담수호)도 있고, 짠물로 채워진 호수(함수호)도 있고, 이 두 가지 특징을 모두 지닌 호수(기수호)도 있어. 아주 작은 호수는 연못이라고 불러. 옛날 사람들이 바다라고 생각해 바다 이름을 붙인 아주 큰 호수도 있어. 카스피해나 사해가 그런 호수야. 반대로 호수가 아닌데 호수 이름이 붙은 곳도 있어. 예컨대 미국 뉴올리언스에 있는 폰차트레인호는 호수라기보다는 강어귀에 더 가깝고, 베네수엘라의 마라카이보호도 호수가 아니라 **만**이야. 심지어 개중에는 과연 호수라고 부르는 게 맞는지 의심스러운 것도 있어. 물 대신에 용암이나 아스팔트, 부글부글 끓는 산성 액체, 독성 슬러지로 채워진 호수가 바로 그거야.

호수도 생물처럼 태어나고 성장하다가 늙어서 결국은 죽어. 지구에 있는 호수 대부분은 나이가 1만 8000년 정도밖에 안 돼. 그 정도면 상당히 많은 나이가 아니냐고 생각하기 쉽지만, 세상에서 가장 오래된 강에 비하면 갓난아기나 다름없어. 오스트레일리아의 핑크강은 그 나이가 무려 4억 년이나 되거든!

호수가 생겨나는 방법은 여러 가지가 있어. 어떤 호수

는 **빙하**에 의해 파인 땅 표면에 물이 채워져 생기는데, 이런 호수를 빙하호라고 불러. 또 화산이 활동을 멈춘 화구에 물이 차 생긴 호수도 있고, 지진 때문에 지형이 변해서 생긴 호수도 있어. 드물긴 하지만 우주에서 날아온 **운석**이 만든 호수도 있어. 거대한 운석이 지표면에 충돌해 생긴 큰 구덩이에 물이 차 호수가 된 거지. 저수지나 수력 발전, 식수 공급원, 폐기물을 버리는 장소로 쓰려고 인공적으로 만든 호수도 있어. 모든 호수는 저마다 흥미로운 이야기를 간직하고 있지. 그중에서도 이 책에 실린 호수 25개는 지구에서 가장 흥미진진하고 기묘한 호수야.

**자, 호수 속으로 뛰어들 준비가 되었니?
그럼 가 보자고!**

호수에 관한 이런저런 사실

1. 호수는 땅이 우묵하게 꺼진 지형에 물이 채워진 곳이야. 곧 보게 되겠지만 이 규칙에는 예외가 많아!

2. 육수학은 호수를 비롯해 육지에 있는 그 밖의 물(저수지, 강, 개울, 습지, 지하수)을 연구하는 분야이고, 이를 연구하는 과학자를 육수학자라고 해.

3. 호수의 크기는 표면적이나 호수가 차지하는 공간(폭×깊이), 또는 깊이(수면에서 가장 깊은 지점까지의 거리)로 측정해.

4. 세상에서 표면적이 가장 큰 호수는 유럽과 아시아 사이의 경계에 위치한 카스피해로, 그 면적은 37만 1000제곱킬로미터야.

5. 세상에서 가장 깊은 담수호는 러시아의 시베리아에 있는 바이칼호야. 가장 깊은 곳의 수심은 1642미터야.

6. 세상에서 가장 긴 담수호는 아프리카에 있는 탕가니카호로, 가장 긴 쪽의 길이가 무려 673킬로미터나 돼. 탕가니카호는 세상에서 두 번째로 깊은 담수호이기도 해.

7. 호수의 중요한 정보 중 하나는 수면의 높이야. 해수면은 전 세계 바다 표면의 높이를 말하는데, 어디서나 해수면의 높이는 거의 다 똑같아. 그래서 호수와 땅의 높이는 흔히 해수면을 기준으로 나타내고, 이를 해발 고도라고 하지.

8. 세상에서 가장 낮은 곳에 있는 호수는 이스라엘과 요르단에 걸쳐 있는 사해야. 이 호수의 수면은 해수면보다 430.5미터나 낮아.

9. 세상에서 가장 높은 곳에 있는 호수는 오호스델살라도호야. 칠레와 아르헨티나 국경에 위치한 화구호*지. 이 호수 수면의 해발 고도는 6480미터야.

10. 지구에 있는 호수의 수는 약 3억 400만 개로 추정돼. 호수들을 다 합친 면적은 전체 육지 면적의 약 3.7퍼센트를 차지하지.

* 화산 분화구에 물이 고여 생긴 호수.

11. 호수는 민물로 된 담수호, 짠물로 된 함수호, 민물과 짠물이 섞인 기수호로 나눌 수 있어. 민물은 염분이 거의 없는 반면, 짠물은 염분 농도가 높아. 짠물과 민물이 섞여서 염분 농도가 민물보다는 높고 짠물보다는 낮은 물을 기수라고 하지.

12. 전 세계 호수 중 대부분은 북반구**에 있어. 북반구의 상당 부분이 한때 거대한 얼음으로 뒤덮여 있었기 때문이야.

13. 호수가 가장 많은 나라는 캐나다로, 그 수는 무려 약 200만 개나 돼!

14. 호수는 열린 호수와 닫힌 호수가 있어. 강이나 다른 출구를 통해 물이 빠져나가는 호수를 열린 호수라고 해. 담수호는 대개 열린 호수야. 반면에 물이 **증발**을 통해서만 빠져나가는 호수를 닫힌 호수라고 해. 물이 증발할 때에는 물만 날아가고 물에 녹아 있던 고체 물질(주로 소금으로 이루어짐)은 그대로 남기 때문에, 닫힌 호수는 점점 염분이 높아져 염수호가 되는 경우가 많아.

15. 호수와 연못을 명확하게 구분하는 정의는 없어. 일반적으로 호수는 연못에 비해 훨씬 크고 물의 양도 훨씬 많아.

16. 호수가 생기는 원인은 여러 가지야. 빙하나 화산, **싱크홀**, 지진, **산사태**, 운석 때문에 호수가 생겨나기도 하고, 심지어 사람들이 인공적으로 만든 호수도 있어.

17. 판들의 움직임 때문에 호수가 생겨나는 경우도 있어. 지구의 **암권**은 수십 개의 조각으로 쪼개져 있는데, 이 조각들을 판이라고 해. 판 아래에서 녹아 있는 암석들이 움직이기 때문에 그 위에 실려 있는 판들이 끊임없이 움직이지. 판들의 움직임 때문에 지진이나 화산 분화가 일어나고, 산맥과 해구가 만들어지는 등 여러 가지 현상이 나타나. 판들의 움직임과 상호 작용을 통해 다양한 지형들이 생겨나는데, 이것은 호수의 분포와 특징에 영향을 미치지.

** 적도를 경계로 지구를 둘로 나눌 때 북쪽에 있는 부분.

세네갈의 레트바호. 높은 염도와 미생물 때문에 이 호수의 물은 분홍색을 띤다. 레트바는 '장미'란 뜻이다.

슈피리어호

대륙: 북아메리카
위치: 미국과 캐나다
최대 깊이: 406m
표면적: 8만 2103km²

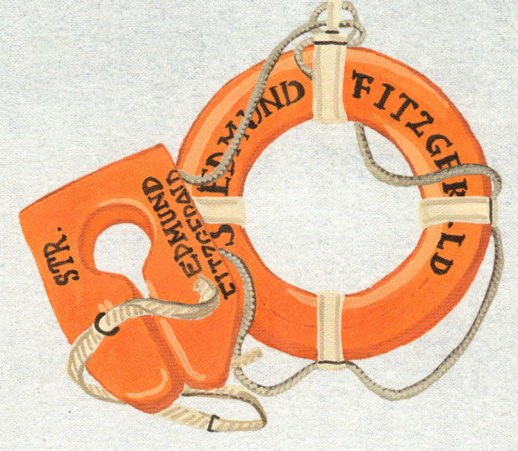

슈피리어호 바닥에는 침몰선들의 잔해가 여기저기 널려 있어. 이곳은 항해하다가 수천 명이 목숨을 잃고 잠들어 있는 공동묘지나 다름없지. 배들이 오대호(the Great Lakes)를 항해한 역사는 아주 길고 복잡해. 오대호는 대서양에서 슈피리어호까지 사람과 화물을 실어 나르는 북아메리카 동부 지역의 고속도로 역할을 했어. 하지만 슈피리어호는 아주 넓어서 이곳을 항해하다가 큰 위험에 처할 수도 있어. 바람이 거센 날이면 파도 높이가 8미터까지 치솟기도 하거든. 이건 2층 건물보다 높은 파도야! 폭풍이 몰아칠 때 이 거대한 파도에 휩쓸린 배는 물속의 공동묘지로 끌려가기 쉬워.

바다 같은 오대호

오대호는 북아메리카 동부에서 미국과 캐나다의 국경을 따라 죽 이어져 있는 5개의 호수를 말한다. 슈피리어호, 미시간호, 휴런호, 이리호, 온타리오호로 이루어진 오대호는 표면적과 부피로 따지면 지구에서 가장 큰 민물 수역이다. 이 광대한 수역은 전 세계 민물 공급량 중 약 21%를 차지한다.

북아메리카에서 가장 큰 호수인 슈피리어호는 그 크기가 하도 커서 한때는 내해*로 간주되었어. 차를 타고 호수 주위를 한 바퀴 도는 데 4~5일이 걸리고, 미국 미시간주 마켓에서 캐나다 온타리오주 테라스베이까지 호수를 가로질러 걸어서 가려면 이틀 이상이 걸려(물 위를 걸어갈 수 있다면). 호수의 평균 수심은 약 152미터로, 전 세계 대다수 호수보다 더 깊어. 가장 깊은 곳의 수심은 406미터야. 슈피리어호는 물의 양도 아주 많은데, 전 세계의 얼지 않은 민물 중 약 10퍼센트가 이곳에 있어.

슈피리어호에서 침몰한 배 중에는 영영 발견되지 않은 것들이 많아. 역사 속에서 그 흔적이 사라진 배들은 호수 바닥에서 시간이 정지된 채 잠들어 있을 거야. 위치가 알려진 침몰선은 잠수부가 접근할 수 있지만, 아직 그 안에 시신이 있는 배는 무덤으로 취급해 그 안으로 들어가는 것이 금지돼 있어. 에드먼드 피츠제럴드호가 바로 그런 예인데, 1975년에 폭풍 속에서 실종된 이 배는 오대호에서 가장 유명한 난파선이야. 선원 29명의 시신이 아직도 선체 안에서 떠다니고 있는 이 배는 호숫가에서 27킬로미터 떨어진 수심 152미터 지점에 가라앉아 있어. 사망한 선원들의 가족들은 잠수부가 배 안으로 들어가지 못하게 해 달라고 요청했고, 그래서 단 한 구의 시신도 배에서 수습되지 않았어. 사랑하는 사람을 잃은 유족들은 슈피리어호 바닥에 가라앉아 있는 이 배를 가족이 잠들어 있는 묘지로 여기지.

수많은 난파 사고

아일로열은 슈피리어호에서 가장 큰 섬이자 미시간주의 국립공원이다. 그 주위에는 작은 섬이 400개 이상 있다. 1839년 이래 아일로열의 암석 해안 주변에서는 난파 사고가 25건 이상 발생했다. 이 섬은 원주민 부족이 맨 먼저 발견했는데, 그들은 자작나무 껍질로 만든 카누를 타고 험난한 파도를 넘어 이 섬에 들락거렸다. 이 섬 주변에서 난파한 최초의 대형 목선은 미국 모피 무역 회사가 운영한 매들린호로, 1839년에 침몰했다.

*사방이 육지로 둘러싸여 있고, 좁은 해협이나 강을 통해 대양과 연결된 수역.

슈피리어호 바닥에 가라앉아 있는 침몰선 잔해는 350척이나 돼. 그중에서 특히 유명한 건 캄룹스호라는 증기선이야. 길이 76미터에 총톤수 2019톤인 이 강철 화물선은 1920년대에 오대호를 오간 선박 중에서는 비교적 작은 크기였어. 3년 동안 캄룹스호는 주로 캐나다의 퀘벡주 몬트리올과 온타리오주 선더베이 사이를 오가며 화물을 운반했지.

오대호는 겨울이 되면 자주 얼고, 가끔 수면 전체가 얼음으로 뒤덮여. 화물선들은 늦은 겨울까지도 오대호를 오가며 계속 화물을 수송했는데, 간혹 화물선이 얼음에 갇히거나 겨울 폭풍을 만나 실종되는 사고가 일어나기도 했어.

1927년 12월 초, 캄룹스호는 휴런호와 슈피리어호 사이를 지나고 있었어. 선더베이 부두를 목표로 거대한 호수 서쪽 가장자리를 향해 나아가고 있었지.

수세인트마리 갑문을 통과할 때만 해도 날씨가 화창했지만, 북풍이 불어오기 시작하면서 맹렬한 겨울 폭풍이 몰아닥쳤어. 기온이 영하 아래로 떨어졌고, 풍속이 시속 48킬로미터를 넘어설 정도로 바람이 거세졌지. 슈피리어호의 시커먼 물 위로 눈발이 휘날리기 시작했어. 캄룹스호는 12월 6일 석양 무렵에 온통 얼음으로 뒤덮인 채 아일로열 쪽으로 증기를 내뿜으며 나아갔는데, 그것이 캄룹스호의 마지막 모습이었어. 22명의 선원 중 살아서 돌아온 사람은 한 명도 없었어.

12월 7일부터 8일까지 맹렬한 눈보라가 몰아쳤어. 8미터 이상의 높은 파도가 일렁이는 가운데 호수 전체가 짙은 안개로 뒤덮였어. 이때 실종 신고가 들어온 선박만 해도 여러 척이었어. 본격적인 수색 작업은 12월 12일에야 시작되었어. 구조대는 해안선을 따라 수색을 계속했지만, 혹독한 겨울 날씨 속에서 생존자를 찾으리라는 희망은 거의 없었지.

몇 달 뒤인 1928년 5월, 아일로열 북쪽 해변에서 한 어부가 시신들을 발견했어. 구명정 조각, 노와 함께 발견된 시신들은 캄룹스라는 글자가 새겨진 구명조끼를 입고 있었지. 시신들은 부패가 너무 심해서 9명 중 5명만 신원이 확인되어 가족에게 돌아갈 수 있었어.

캄룹스호가 실종되고 나서 1년 뒤, 아일로열에서 약

240킬로미터 떨어진 슈피리어호 건너편에서 병 속에 담긴 쪽지가 발견되었어. 캄룹스호의 보조 승무원이던 앨리스 베트리지가 남긴 것이었는데, 짓이겨진 그 쪽지에는 난파 사고로 자신이 호숫가에 도착하기까지의 과정과 함께 이런 말이 적혀 있었어. "나는 캄룹스호의 마지막 생존자이고, 아일로열에서 추위와 굶주림으로 죽어 가고 있어요. 엄마, 아빠에게 내가 어떤 운명을 맞이했는지 알릴 수만 있다면……."

슈피리어호의 어두운 물속에서 캄룹스호 잔해가 발견된 것은 실종된 지 50년이 지난 1977년이었어. 깊고 차가운 민물에서는 선체를 파괴하는 세균이 살지 않기 때문에, 금속 선체와 화물은 차가운 호수 바닥에서 거의 온전한 상태로 남아 있었지. 잔해는 칠흑같이 어두운 물속에 잠겨 있어서, 한 번에 볼 수 있는 모습은 그곳을 방문한 잠수부의 불빛에 드러나는 일부분뿐이야. 예컨대 우뚝 솟아 있는 깃대나 통, 사다리 등이 캄캄한 어둠 속에서 그 모습을 드러내지. 그곳에서 유일하게 들리는 소리는 잠수부의 숨소리와 산소마스크 주변에서 부글거리는 거품 소리뿐이야.

캄룹스호 잔해에는 아직도 마지막 항해 때 싣고 갔던 화물이 남아 있어. 라이프 세이버스 캔디, 치약, 나무통, 트랙터 등이 발견되었지. 잠수부들은 이 침몰선에서 실종된 캄룹스호의 선원들의 시신도 발견했어.

그들은 익사하던 때와 별 차이가 없는 상태로 남아 있었어. 특히 '올드 화이티(Old Whitey)'라는 별명이 붙은 한 사람은 자기가 근무하던 자리를 결코 떠나지 않았어. 잠수부가 배 아래쪽 보일러실 주변에 위치한 그곳을 지나갈 때면 오리발이 만든 물살 때문에 마치 올드 화이티가 잠수부를 따라오는 것처럼 보여. 이 시신이 50년 동안이나 물속에 잠겨 있었는데도, 부패가 거의 일어나지 않은 것에 잠수부들은 깜짝 놀랐어. 그의 시신은 마치 녹슨 보일러실에서 밝게 빛나는 점처럼 내부에서 빛이 나고 있었지.

아주 차가운 담수호에서 죽은 사람의 시체는 다른 상황에서 죽은 사람과 같은 방식으로 부패가 일어나지 않아. 일반 상황에서는 세균이 시체를 분해해 뼈만 남는 것이 보통이지만, 슈피리어호 바닥은 아주 깊고 차가워서 그런 분해를 하는 세균이 거의 없어. 차가운 민물에서는 물속의 광물과 사람 피부 사이에 화학 반응이 일어나는데, 그 결과로 시랍 또는 시체 밀랍이라는 물질이 만들어져. '비누화'라고 부르는 이 화학 반응은 체지방을 비누 같은 물질로 변화시키지. 시체 밀랍은 처음에 생길 때에는 부드럽고 기름진 모습을 하고 있지만, 시간이 지나면 딱딱해지면서 잘 부서져. 비

누화는 즉각 부패 과정을 멈추기 때문에, 비누 미라는 수백 년 동안 온전하게 남을 수 있고, 심지어 뼈가 분해되기 시작한 후에도 남아 있어. 오대호 속의 유명한 거주민이 된 올드 화이티는 이렇게 보존되어 지금도 어둠 속에서 빛나고 있지.

루프쿤드호

대륙: 아시아
위치: 인도
최대 깊이: 3m 이상
표면적: 2.6km² 이상

 루프쿤드호는 히말라야산맥 깊숙한 곳, 해발 5020미터의 외딴 곳에 있는데, 거의 일 년 내내 눈으로 덮인 계곡에 있는 얼음 웅덩이야. 얼음이 녹을 만큼 충분히 따뜻한 계절이 오면, 차가운 고독 속에 파묻힌 이 호수의 섬뜩한 비밀이 드러나. 눈 속에 묻혀 있던 수백 구의 시신이 그 모습을 드러내거든! 이 때문에 루프쿤드호를 종종 해골 호수라고도 부르는데, 이토록 많은 시신이 왜 이곳에 있는지는 아직까지 밝혀지지 않았어. 히말라야산맥의 높은 산들 사이에 위치한 이 빙하호는 가장 가까운 인도 우타라칸드주의 마을에서도 5일 동안 걸어가야 해. 호수의 크기와 깊이는 해와 계절에 따라 변하는데, 1942년에 한 삼림 경비원이 얼음이 녹은 뒤에 바위와 눈 사이로 삐죽 드러난 이 뼈들을 발견했어. 300~800명분으로 추정되는 해골들에는 아직 살이 붙어 있는 것도 있었어. 1950년대 후반에 이 사실이 공개되고 큰 관심을 불러모으면서 이 해골들에 대한 많은 조사와 연구가 이루어졌지.

 일찍부터 여러 가지 가설이 쏟아져 나왔어. 불운을 맞이한 탐험가들일까? 종교적 매장 장소일까? 은밀한 작전을 수행 중이던 군인들일까? 혹시 실크 로드를

여행하던 티베트 교역상들이 전염병으로 죽은 것은 아닐까? 고고학자와 인류학자, 유전학자를 비롯한 많은 과학자가 이 얕은 호수에 이토록 많은 뼈가 모여 있는 이유를 설명하려고 노력했어. 현지의 민요에 따르면, 여신이 눈보라의 형태로 경고를 보내는 바람에 순례자들이 불운한 최후를 맞이했다고 해. 조가비와 유리로 만든 팔찌 유물은 이 전설에 신빙성을 더해 주었지. 이들은 난다 데비 라즈 자트(Nanda Devi Raj Jat)라는 힌두교 순례 행사에 나선 순례자였을 수도 있어. 이들은 보석과 장신구로 몸을 치장하는 전통이 있거든.

법의학 분석 결과, 어떤 머리뼈에서 무거운 물체에 부딪힌 외상 흔적이 발견되었어. 히말라야산맥은 우박을 동반한 폭풍이 자주 몰아치는 것으로 악명이 높은데, 호수에서 무기가 발견되지 않았다는 사실을 감안할 때, 과학자들은 9세기의 어느 날에 몰아닥친 우박 폭풍에 순례자들이 집단으로 사망했을 가능성이 가장 높다고 결론을 내렸어. 그 후 한동안 이 수수께끼는 잠잠해졌지만, 과학이 발전하면서 더 많은 의문이 생겨났어.

2010년, 루프쿤드호 미스터리에 대한 관심에 다시 불이 붙었어. 호수에서 발견된 시신 38구의 뼈를 조사한 결과, 이 뼈들이 지난 1000년 동안 제각각 다른 시기에 사망한 사람들의 유해로 드러난 거야! 즉, 뼈들의 나이가 9세기부터 19세기까지 아주 긴 시간에 걸쳐 드문드문 분포하고 있는 거지. 남자도 있고 여자도 있고 아이도 있었지만, 서로 혈연관계는 없었어. 대부분은 남아시아 계통이었지만, 일부는 동지중해 지역 출신일 가능성도 있었어. 정말 기이한 일이지. 크레타섬 출신이 왜 1000년 전에 아주 먼 히말라야산맥의 이 외딴곳으로 왔는지 설명할 수 있는 역사적 단서가 전혀 없기 때문이야.

이렇게 풀리지 않는 수수께끼가 남아 있는데도 불구하고, 이 장소는 제대로 보존되지 않고 있어. 끊임없는 돌사태나 얼음 때문에 유골이 훼손되고 있고, 등산객이 유골을 옮기거나 심지어 기념품으로 가져가기까지 하거든. 수백 년에 걸쳐 이 많은 사람들이 이곳에서 어떻게, 왜 죽었는지 아무도 모르지만, 어쨌든 그들의 뼈는 모두 이곳 히말라야산맥의 작은 빙하호 주변에 모이게 되었어. 이들의 유골과 유물은 얼어붙은 호수 바닥에서 여전히 누군가 이곳에서 무슨 일이 일어났는지 밝혀 주길 간절하게 기다리고 있지.

해골 호수로 가는 길

혹시 루프쿤드호를 방문하고 싶어 몸이 근질거리는가? 그곳에 가려면 인도 로하중에서 출발해 눈 덮인 고개를 지나 가파른 산악 지형을 53km나 걸어가야 한다. 8일 동안 트레킹을 하다 보면, 추위가 뼛속까지 엄습하는 높은 고도에 이르게 될 것이다. 딱 한 가지만 명심하길. 그곳에 가거든 절대로 유골을 옮겨서는 안 된다는 걸!

카라차이호

대륙: 아시아
위치: 러시아
최대 깊이: 매립됨
표면적: 2.6km² 이상

초기에 소련이 만든 원자 폭탄 시제품. 옆에 서 있는 사람은 폭탄의 크기를 보여 주기 위한 것이다.

이 호수는 지구에서 방사능 농도가 가장 높은 곳 중 하나야. 카라차이호 이야기는 냉전이 시작되던 1945년 무렵으로 거슬러 올라가. 핵폭탄을 최초로 만들고 터뜨리는 데 성공한 나라는 미국이야. 1945년, 미국은 일본의 히로시마와 나가사키에 핵폭탄을 투하했어. 이 사건은 제2차 세계 대전을 끝내는 데 큰 영향을 끼쳤지. 그러자 핵무기 개발을 놓고 전 세계적인 경쟁이 시작되었는데, 특히 미국과 소련이 치열한 경쟁을 벌였어. 소련은 비밀리에 우랄산맥 남쪽에 위치한 소도시 키시팀 부근에 마야크라는 핵 시설을 지었어. 1945년부터 1948년까지 아주 빠르게 건설된 이 공장은 핵무기 개발에 필요한 방사성 플루토늄을 생산했지.

냉전

소련은 1922년부터 1991년까지 유럽 동부와 아시아 북부에 걸쳐 광대한 지역에 걸쳐 있던 연방 국가였다. 제2차 세계 대전이 끝나고 나서 1990년대 초까지 소련을 중심으로 한 공산주의 진영과 미국을 중심으로 한 자본주의 진영 사이에 치열한 대결과 경쟁이 벌어졌는데, 이를 냉전이라고 부른다. 직접적인 무력 충돌은 일어나지 않았지만, 양쪽은 무기 경쟁과 첩보전, 정치적 음모를 펼치며 팽팽한 긴장 관계를 이어 갔다.

핵연료 주기

마야크 핵 시설은 핵연료 주기(우라늄 채굴부터 정제, 농축, 사용, 재처리, 방사성 폐기물 보존까지 핵연료를 사용하는 전체 과정) 중 일부인 우라늄 정제를 목적으로 설계되었다. 정제해 농축한 우라늄은 원자력 발전소의 연료나 핵폭탄을 만드는 데 쓰인다. 이 과정 전체에서 항상 방사성 폐기물이 생긴다.

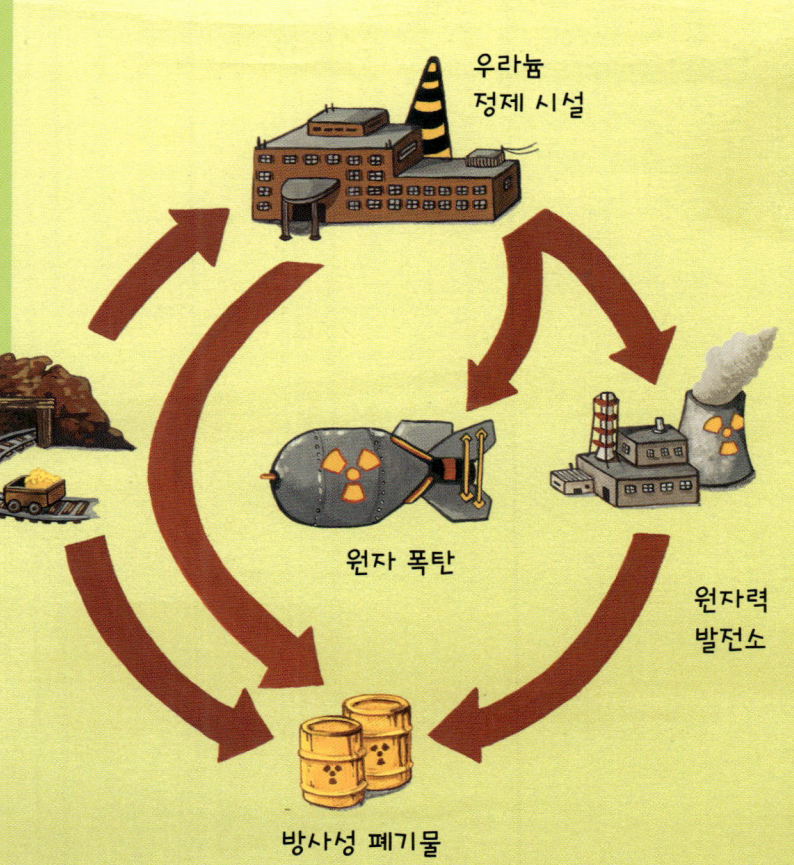

하지만 1년도 채 지나지 않아 마야크에서 나온 핵폐기물 처리 문제가 큰 골칫거리가 되었어. 수백만 리터에 이르는 방사성 폐기물이 근처 호수와 강에 그냥 버려졌지. 핵 시설에서 가장 가까운 호수였던 카라차이호는 주요 핵폐기물 처리장이 되었고, 그 결과로 바닥에 방사성 침전물이 쌓이기 시작했어. 시간이 지나면서 오염 수준이 점점 심해져 치명적인 물로 변했고, 지금은 호숫가에 서 있기만 해도 목숨이 위험할 수 있어.

보이지 않는 살인자

급성 방사선병은 인체가 짧은 기간에 매우 많은 양의 방사선에 피폭되어 손상을 입을 때 일어난다. 이런 일은 아주 드문데, 원자력 발전소 사고나 원자 폭탄 폭발로 직접 방사선에 피폭될 때에만 일어난다. 방사선에 피폭된 사람과 동물에게는 심한 발진과 신경 쇠약, 구역질, 구토 등의 증상이 나타난다. 급성 방사선병은 최악의 경우에는 장기 질환으로 이어지거나 사망까지 초래할 수 있다. 히로시마와 나가사키에 원자 폭탄이 투하된 뒤, 그리고 우크라이나의 체르노빌 원전 사고 이후에 일어난 일이 대표적인 사례이다.

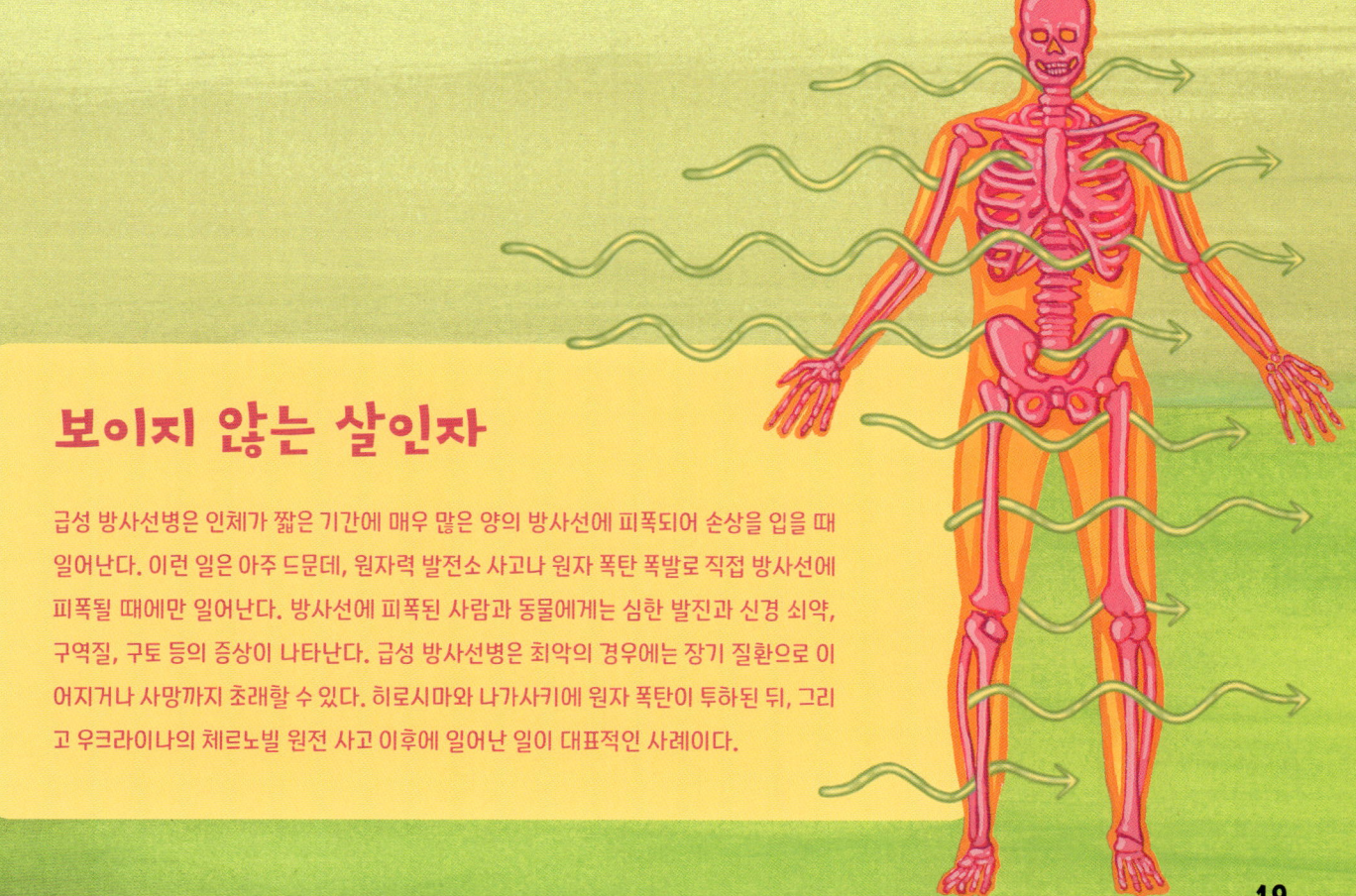

지하 방사성 물질 저장 탱크의 폭발.

1957년, 마야크 핵시설에서 폭발 사고가 일어났어. 고준위 방사성 액체 폐기물이 담겨 있던 저장 탱크의 냉각 장치가 고장 나는 바람에 큰 폭발이 일어났고, 수많은 방사성 물질이 밖으로 누출되었어. 이 폭발로 생긴 방사성 구름이 **대기** 중에서 수천 킬로미터나 퍼져 나가면서 주변 마을들과 농경지를 오염시켰어. 당국이 사고 소식을 즉각 사람들에게 알리지 않아 많은 사람이 위험을 전혀 모른 채 평소처럼 행동하는 바람에 피해가 더 커졌지. 이 사건은 역사상 최악의 원자력 사고 중 하나로 기록되었고, 더 유명한 1986년의 체르노빌 원전 사고와 자주 비교되곤 해. 이렇게 큰 규모의 사고임에도 불구하고, 소련 정부는 오랫동안 이를 비밀로 숨겼어. 1980년대에 가서야 이 사고로 인한 오염의 실상이 완전히 세상에 드러났지.

시간이 지나면서 카라차이호의 상황은 점점 더 나빠졌어. 1960년대와 1970년대에 가뭄 때문에 호수가 쪼그라들기 시작했고, 주변 지역도 말라 갔어. 그러자 고준위 방사성 퇴적물이 호숫가에 드러났어. 방사성 먼지가 공기 중으로 솟아올라 바람을 타고 주변 지역으로 퍼져 가면서 땅과 물을 오염시켰어. 사람들은 방사능에 중독되고, 방사능 관련 질환이 급증했으며, 사망자도 늘어났어.

1980년대에 정부는 퇴적물을 통한 방사성 입자의 이동과 확산을 막기 위해 속이 빈 콘크리트 블록 수만 개로 카라차이호를 매립했어. 하지만 암석과 흙을

Теча(테차)는 크시팀 부근을 흐르는, 방사능에 오염된 테차강을 가리키는 러시아어이다.

사용한 추가 매립을 통해 카라차이호가 사실상 마른 땅의 핵폐기물 저장 시설로 변한 것은 2016년 초가 되어서였어. 다만 핵폐기물 저장 목적으로 지하 깊이 설계된 여타 저장 시설보다도 지표면에 카라차이호가 더 가까이 위치한다는 점이 좀 아쉽긴 해. 주변 지역은 여전히 오염된 채 남아 있는데, 이곳은 아직도 지구에서 방사능 오염이 가장 심한 장소 중 하나야. 카라차이호는 핵폐기물의 위험과 방사성 물질의 책임 있는 처리와 관리의 중요성을 일깨워 주는 장소로 남아 있어.

플루토늄의 방사능

왜 카라차이호는 70년이 지난 뒤에도 여전히 방사능에 오염돼 있을까? 플루토늄 입자는 방사선을 내뿜는다. 이 방사선은 강한 에너지를 지니고 있어 매우 위험한데, 플루토늄 입자는 2만 4000년 뒤에도 계속 방사선을 내뿜을 수 있다. 그러니 카라차이호로 여름휴가를 떠날 계획이라면, 수만 년 뒤로 일정을 잡는 게 좋다!

니카라과호

대륙: 중앙아메리카
위치: 니카라과
최대 깊이: 25m
표면적: 8264km²

니카라과호는 중앙아메리카에서 가장 큰 담수호야. 상어가 사는 호수로도 유명한데, 그런 호수는 세상에서 몇 개밖에 없어. 이곳에 사는 황소상어는 사실 호수에 고유하게 사는 종은 아니고, 민물과 짠물 모두에서 살 수 있어. 체액의 염분을 조절하는 능력이 있기 때문이지. 이 호수의 환경에 잘 적응한 황소상어는 풍부한 물고기와 그 밖의 먹이를 잡아먹으면서 몸길이가 최대 3미터까지 자라기도 해.

니카라과호의 황소상어는 현지 주민에게 좋은 점도 있고 나쁜 점도 있어. 고기와 지느러미를 얻기 위해 상어를 잡는 현지 어부에게는 그 사냥이 꽤 두둑한 수입을 가져다주지. 하지만 황소상어는 공격적이고 예측하기 힘든 행동으로 유명해. 수영을 하거나 배를 타고 지나가는 사람에게는 위협적인 존재야. 면도날처럼 날카로운 이빨과 강한 턱을 갖고 있고, 자신의 세력권에 들어오는 사람을 가차 없이 공격하거든.

상어 고속도로

이 지도에 표시된 빨간색 선은 산후안강이야. 엘 데사과데로강('배수구'란 뜻)이라고도 부른다. 니카라과호에서 카리브해까지 뻗어 있는 이 강의 길이는 약 200km이다.

니카라과호와 화산인 콘셉시온산.

하지만, 황소상어는 거친 물살을 가르고 상류로 거슬러 올라와 이 호수까지 온 거야. 니카라과호의 민물 **생태계**에서 자리를 잡고 살아가는 황소상어는 동물들이 예상 밖의 장소에서도 환경에 적응해 잘 살아갈 수 있다는 것을 보여 주는 흥미로운 사례야.

게다가 이 호수는 물이 탁하고 침전물로 가득 차 있어 상어가 다가오는 걸 알아채기가 어려워. 수백 년이 지나는 사이에 상어는 이 지역의 전설에 스며들면서 많은 이야기의 주제가 되었지만, 사실 호수에서 이 무서운 사냥꾼의 직접적인 공격으로 사람이 목숨을 잃은 사건은 기록된 역사에서 단 두 건밖에 없어.

황소상어가 어떻게 이 담수호에 살게 되었는지는 오랫동안 수수께끼로 남아 있었어. 처음에는 이 호수가 한때 태평양 바다와 연결되었던 과거에 일부 상어가 이곳으로 와 호수 환경에 적응하면서 오늘날 이곳에 사는 상어로 진화했다고 생각했어. 그렇다면 진화의 결과로 이곳의 황소상어는 바다에 사는 친척과 유전적으로 달라야 할 테지만, 실제로는 그렇지 않았어. 바다에 사는 것과 같은 종의 상어가 그저 민물 환경에서 잘 살아갈 뿐이야.

이 수수께끼는 과학자들이 상어들에게 확인 표지를 붙여 그 이동 경로를 확인하면서 풀렸어. 황소상어는 카리브해와 연결된 산후안강을 통해 니카라과호로 온 것으로 밝혀졌어. 산후안강은 급류와 폭포가 많아 다른 바닷물고기는 강을 거슬러 올라오는 것이 불가능

니라공고산 용암호

대륙: 아프리카
위치: 콩고 민주 공화국
최대 깊이: 변동이 심하지만, 최대 609m
표면적: 2.6km² 이상

가끔 물이 아니라 다른 액체가 고여 있는 장소도 호수라고 불러. 용암호는 활화산 중심에 부글거리는 용암이 괴어 있는 웅덩이야. 콩고 민주 공화국의 도시 고마 위로 우뚝 솟아 있는 니라공고산은 사면(산비탈)이 매우 가파른 원뿔 모양의 **성층 화산**이야. 세상에서 몇 안 되는 영구 용암호 중 하나지. 수백 년 동안 큰 관심과 함께 두려움을 불러일으키는 이 용암호는 공중으로 용암과 화산재를 내뿜을 뿐만 아니라, 녹은 암석이 다채로운 색의 빛을 내며 장관을 만들어 내기도 해. 니라공고산 용암호는 지름이 400미터나 되고, 표면에는 식어서 굳은 검은색 용암 껍질이 격렬하게 이리저리 움직이며 요동치고 있어. 검은색 껍질의 균열 사이로 부글거리는 주홍색과 빨간색 용암이 보이지. 이 때문에 용암호는 마치 숨을 쉬는 것처럼 보이는데, 그 표면에서는 짙은 흰색 유독 가스가 뿜어져 나오면서 끊임없이 변하는 만화경을 연출해.

불과 얼음

용암호는 보통 활화산 화구에서 생겨났다가 사라진다. 니라공고산 용암호처럼 오랫동안 지속되는 용암호는 찾아보기 어렵다. 그런데 지구에서 가장 추운 대륙에 그런 용암호가 있다. 에러버스산은 남극 대륙 로스섬에 있는 성층 화산이다. 에러버스산은 얼음과 눈으로 둘러싸여 있지만, 꼭대기의 화구에는 수백 년 전부터 부글부글 끓고 있는 용암호가 있다.

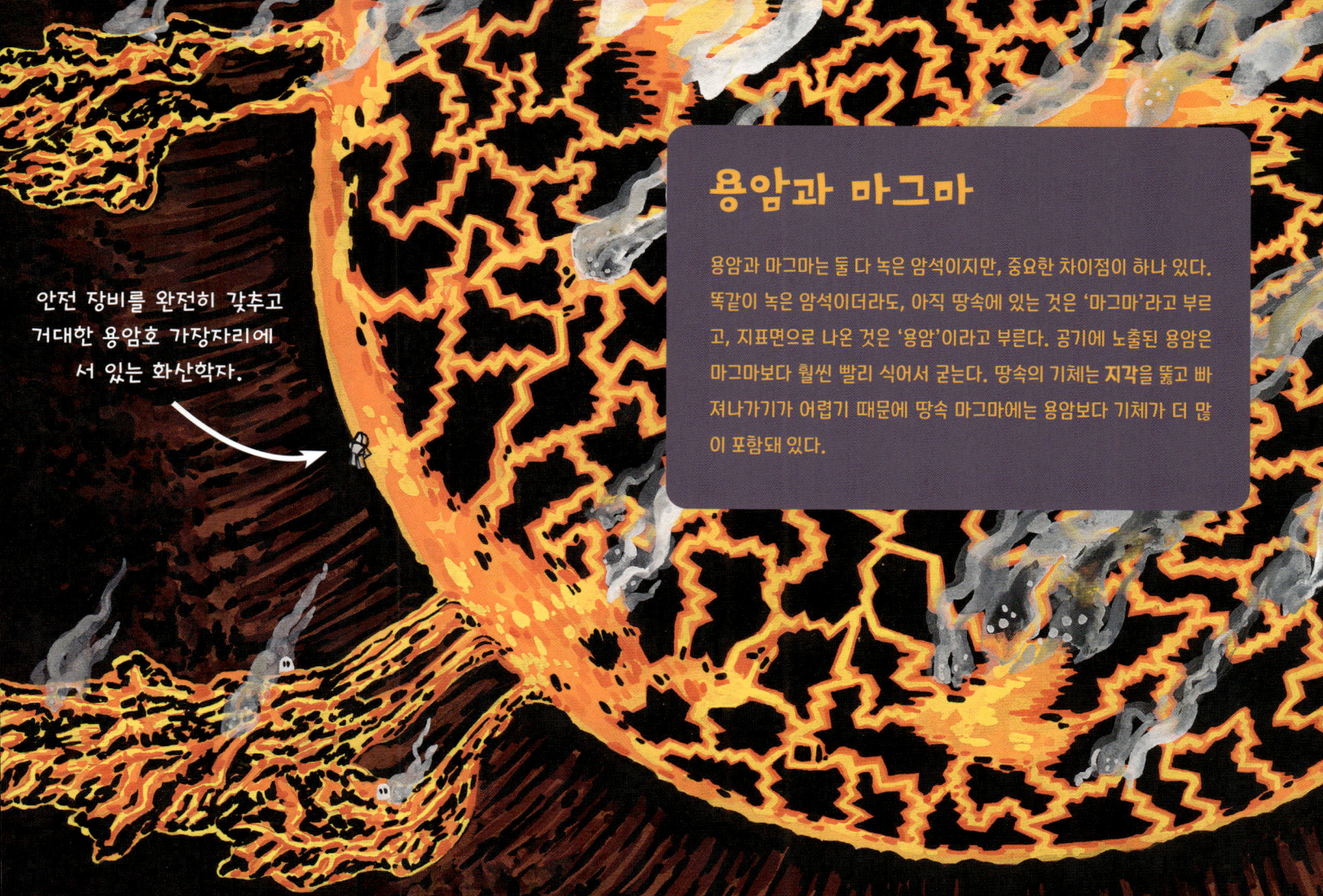

안전 장비를 완전히 갖추고 거대한 용암호 가장자리에 서 있는 화산학자.

용암과 마그마

용암과 마그마는 둘 다 녹은 암석이지만, 중요한 차이점이 하나 있다. 똑같이 녹은 암석이더라도, 아직 땅속에 있는 것은 '마그마'라고 부르고, 지표면으로 나온 것은 '용암'이라고 부른다. 공기에 노출된 용암은 마그마보다 훨씬 빨리 식어서 굳는다. 땅속의 기체는 **지각**을 뚫고 빠져나가기가 어렵기 때문에 땅속 마그마에는 용암보다 기체가 더 많이 포함돼 있다.

니라공고산의 화산 활동 역사는 상당히 오래되었어. 1882년부터 지금까지 기록된 분화만 해도 최소한 34회나 돼. 그중 상당수는 한번 분화가 시작되면 몇 년 동안 계속 이어졌고, 화구 가운데에 거대한 용암호가 생기는 경우가 많았지. 이 호수의 용암은 화산 아래에 있는 마그마방에서 올라와. 새로운 **마그마**가 계속 지표면으로 흘러나오면서 용암호에 새로운 용암을 보태지. 이 화산은 콩고 민주 공화국의 대도시인 고마 위로 약 3킬로미터 높이로 우뚝 솟아 있어. 수백 년 동안 인근 주민 수백만 명의 목숨을 위협했지. 위험한 것은 펄펄 끓으면서 넘쳐흐르는 용암뿐만이 아니야. 화산에서 뿜어져 나오는 엄청난 양의 독가스도 아주 위험해. 용암에는 이산화탄소가 많이 포함돼 있는데, 이산화탄소는 주변 공기보다 무거워. 그래서 이산화탄소는 지면에 깔리면서 낮은 지대로 퍼져 가

사람들이 살고 있는 구석구석으로 스며들어. 이산화탄소를 많이 들이마시면 자기도 모르는 사이에 목숨을 잃기 때문에 현지인은 '악마의 바람'이란 뜻의 '마주쿠'라고 불러.

쪼개지는 대륙

니라공고산의 화산 작용은 아프리카 대륙이 둘로 갈라지면서 천천히 서로 멀어져 가기 때문에 일어난다. 또한 열점(맨틀 깊숙한 곳에서 솟아오르는 마그마 기둥이 화산을 만들어 내는 지점)도 니라공고산과 근처에 있는 니아무라기라산의 격렬한 화산 활동에 한몫하는 것으로 보인다. 아프리카에서 일어난 화산 분화 중 약 40%는 이 두 화산에서 일어났다.

1977년, 용암호가 흘러넘치면서 용암이 산비탈을 따라 흘러 내려와 숲과 그 주변 지역을 덮쳤어. 용암의 파괴력은 어마어마했어. 마치 고마까지 널따란 10차선 고속도로가 뻥 뚫린 것처럼 보였지. 니라공고산 용암호는 세상에서 가장 꾸준히 활동하는 용암호인 데다가, 이곳 용암은 다른 장소의 용암과는 다른 특징을 갖고 있어. 실리카(이산화규소) 함량이 낮아 아주 빠르게 흘러가지. 다른 용암들은 실리카 함량이 높아 천천히 움직이는데, 녹은 암석 속에서 실리카가 일종의 뼈대처럼 작용하기 때문이야. 그래서 용암이 화산 사면을 따라 흘러 내려오더라도, 사람들은 열심히 걸으면 용암의 추격을 피할 수 있어. 물론 용암은 결국 집과 주변 지역을 파괴하고 말 테지만 말이야. 하지만 니라공고산의 용암은 분화가 일어나는 순간에는 사면을 따라 무려 시속 약 100킬로미터로 흘러 내려올 수 있어.

화구 중심에도 유동성이 매우 높은 이 용암이 고여 있어. 니라공고산 용암호는 이 용암이 치솟았다가 떨어지길 반복하면서 끊임없이 부글거리고 있지. 모든 용암호는 변덕스럽지만, 대다수는 용암이 매우 걸쭉해서 그 위에 우리가 주저앉더라도 가라앉지 않을 정도야(다만 뜨거운 열 때문에 산 채로 활활 타고 말겠지만). 하지만 니라공고산 용암호의 용암은 유동성이 높아서 그 위에 올라선 사람이나 물체는 곧장 바닥으로 가라앉고 말거야. 마치 영화 <반지의 제왕>에서 골룸이 부글거리는 용암 속으로 가라앉던 것처럼 말이야.

용암호의 온도는 약 1200도에 이르기도 해. 듣기만 해도 엄청나게 뜨겁지? 이 온도에서 대다수 물질은 곧바로 확 불타오르고 말아. 그래서 화산을 연구하는 과학자인 화산학자는 용암호 표면으로 용암을 채취하러 갈 때 보호 장비를 철저하게 갖추어야 해. 그래도 용암에서 뿜어져 나오는 열기가 매우 강하게 느껴질 거야. 그만큼 화산 연구는 매우 위험한 분야야. 지난 30년 동안 화산에서 목숨을 잃은 과학자만 해도 20명이 넘는다니까! 그러니 화산학자가 되려는 사람은 그 위험을 감수하고 도전해야 해.

독성 호수

대륙: 유럽
위치: 루마니아
최대 깊이: 90m
표면적: 5.2km² 이상

동유럽의 카르파티아산맥에는 주변 풍경과 전혀 어울리지 않는 호수가 하나 있어. 루마니아의 깊은 계곡 바닥에 밝은 주황색 진흙탕이 고여 있는데, 그 반반한 물 표면을 방해하는 풍경은 하늘을 향해 우뚝 솟아 있는 교회 첨탑뿐이야. 1978년까지만 해도 이곳에는 호수가 전혀 없었어. 대신에 초목이 무성한 이 계곡에는 그림 같은 시골 마을 제아머나가 자리 잡고 있었지. 형광을 발하는 이 호수가 탄생한 것은 1950년대에 주변 산들에서 구리 광상*이 발견되면서였어. 이 발견은 400여 가구로 이루어진 이 마을 공동체의 종말을 예고했지. 그중에는 수천 년 전부터 이곳에서 대를 이어 살아온 사람들도 있었어.

로시아포이에니 구리 광산은 노천 채굴을 하는 광상이었어. 그런데 이 노천 채굴 방식은 주변 환경을 크게 훼손해. 채굴 과정에서 광미라고 부르는 폐기물이 나오는데, 여기에는 사이안화물과 그 밖의 독성 물질이 섞여 있어. 이런 물질이 환경 속으로 퍼지면, 식물, 동물, 인간의 건강을 위협하지.

* 광물이 땅에 많이 묻혀 있는 부분.

노천 채굴

노천 채굴은 땅에 거대한 구멍을 뚫어 광상에 접근해 광물을 채굴하는 방식이다. 광부들은 구멍을 뚫고 폭파 작업을 한 뒤, 암석을 치우고 광석에 접근한다. 그들은 땅속으로 더 깊이 들어가면서 거대한 구멍 가장자리를 따라 계단 모양의 통로를 만드는데, 이 통로로 트럭과 큰 기계가 드나든다. 또, 광석에서 소중한 구리 성분을 분리하려면, 암석을 부수고 뜨거운 화학 물질을 첨가하는 과정이 필요하다. 이 모든 작업의 결과로 결국 땅에 뚫린 거대한 구멍과 함께 황산과 사이안화물을 포함한 광미(광물 찌꺼기)가 남게 된다.

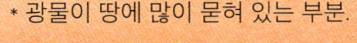

로시아포이에니 노천굴 구리 광산과 구리로 만든 루마니아 동전('바니'라고 부른다).

제아머나 마을의 운명을 결정한 것은 여기서 멀리 떨어진 곳에 있던 루마니아 정치인들이었어. 1978년, 고산 지대에 위치한 이 지역 사람들에게 집과 포도밭과 교회를 내버려두고 모두 떠나라는 명령이 내려왔지. 얼마 후, 사람들이 모두 떠난 이 계곡에 홍수가 일어났어. 근처에 있던 구리 광산에서는 채굴 과정에서 생긴 폐기물을 새로 생긴 호수에 마구 버리기 시작했어. 광미에 섞인 중금속과 화학 물질 때문에 이 호수는 형광을 발하는 주황색과 초록색으로 색이 변했고, 산봉우리들 사이에 자리 잡은 이 걸쭉한 독성 호수는 한가운데에 외롭게 우뚝 솟아 있는 교회 첨탑을 빼고는 이전에 존재했던 마을의 기억을 싹 지워 버렸어. 지금도 이 호수는 매년 더 많은 땅을 집어삼키고 계속 커지면서 주변으로 뻗어 나가고 있어. 새로운 화학 물질이 이 유독한 인공 호수로 계속 흘러들어가기 때문에, 이 불모의 땅을 방문하는 사람들은 물에서 강한 악취가 난다고 이야기해.

독성 광미 처리

일반적으로 **광미 연못**은 채굴 장소 근처의 계곡이나 함몰 지역에 만드는데, 광미를 물과 섞어 연못에 버린다. 광미가 바닥에 가라앉으면, 증발이나 방류를 통해 연못에서 물을 빼 광미만 남긴다. 그러고 나서 추가 처리 과정을 거쳐 광미에 남아 있는 금속이나 광물을 추출하거나, 아니면 폐기물로 방치한 채 연못에 장기간 보관한다.

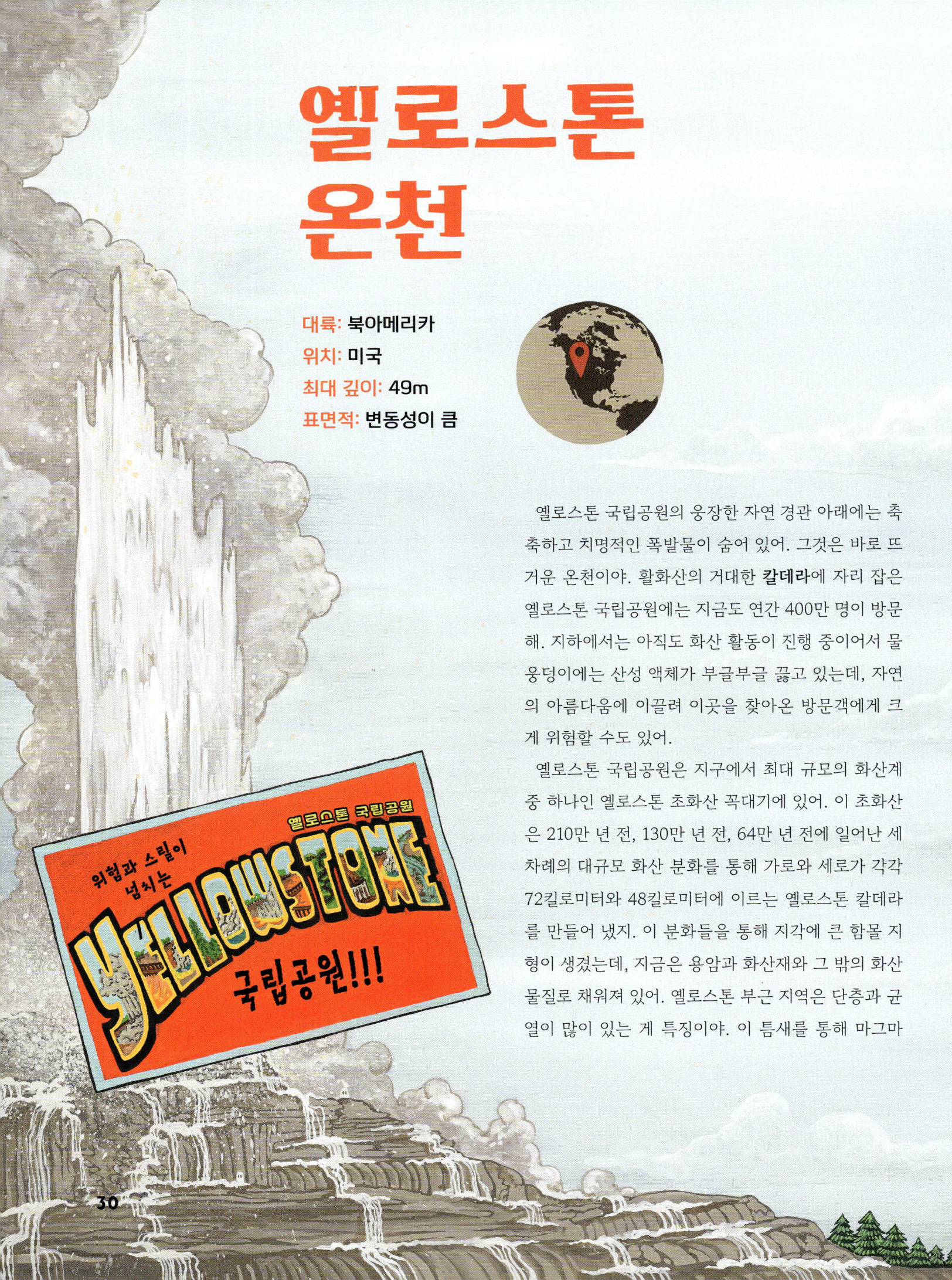

옐로스톤 온천

대륙: 북아메리카
위치: 미국
최대 깊이: 49m
표면적: 변동성이 큼

옐로스톤 국립공원의 웅장한 자연 경관 아래에는 축축하고 치명적인 폭발물이 숨어 있어. 그것은 바로 뜨거운 온천이야. 활화산의 거대한 **칼데라**에 자리 잡은 옐로스톤 국립공원에는 지금도 연간 400만 명이 방문해. 지하에서는 아직도 화산 활동이 진행 중이어서 물웅덩이에는 산성 액체가 부글부글 끓고 있는데, 자연의 아름다움에 이끌려 이곳을 찾아온 방문객에게 크게 위험할 수도 있어.

옐로스톤 국립공원은 지구에서 최대 규모의 화산계 중 하나인 옐로스톤 초화산 꼭대기에 있어. 이 초화산은 210만 년 전, 130만 년 전, 64만 년 전에 일어난 세 차례의 대규모 화산 분화를 통해 가로와 세로가 각각 72킬로미터와 48킬로미터에 이르는 옐로스톤 칼데라를 만들어 냈지. 이 분화들을 통해 지각에 큰 함몰 지형이 생겼는데, 지금은 용암과 화산재와 그 밖의 화산 물질로 채워져 있어. 옐로스톤 부근 지역은 단층과 균열이 많이 있는 게 특징이야. 이 틈새를 통해 마그마가 지표면까지 솟아오르지. 옐로스톤의 유명한 온천과 **간헐천**도 바로 이 때문에 생긴 거야.

옐로스톤 화산은 과거에 분화한 적이 있기 때문에, 앞으로도 얼마든지 또 분화할 수 있어. 그 분화는 지구의 역사를 통틀어 손꼽을 만큼 파괴적인 대규모 분화가 될지도 몰라. 주변 지역을 초토화시킬 뿐만 아니라, 전 지구적인 **기후** 변화를 불러올 잠재력이 있어. 하지만 너무 걱정하지 않아도 돼. 조만간 분화가 일어날 가능성은 아주 낮으니까.

옐로스톤 국립공원의 지표면은 늘 부글거리고 있어. 이곳의 온천과 간헐천은 지표면으로 스며든 빗물이 땅속의 뜨거운 열에 가열되어 올라오면서 생겨. 옐로스톤 국립공원에는 온천과 간헐천, 부글부글 끓는 진흙탕인 **머드팟**, **증기 분출공** 등 열수 활동이 일어나는 장소가 1만 군데 이상 있어. 이 웅덩이들의 물은 밝은

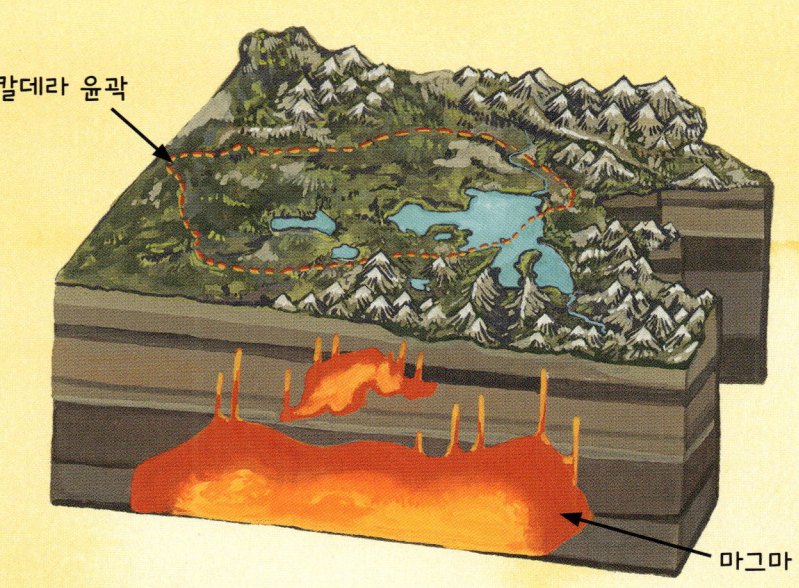

이 옐로스톤 국립공원 지도는 위쪽에 있는 칼데라의 윤곽과 아래쪽의 거대한 마그마방과 마그마 기둥을 보여 준다.

색을 띠고 있는 경우가 많은데, 뜨겁고 광물이 풍부한 물에서 살아가는 호열성* 세균과 조류 때문이야. 어떤 온천의 수온은 최대 121도에 이르는데, 이건 몇 초 만에 3도 화상을 입힐 만큼 아주 뜨거운 온도야. 부글거

* 열을 좋아하는 성질.

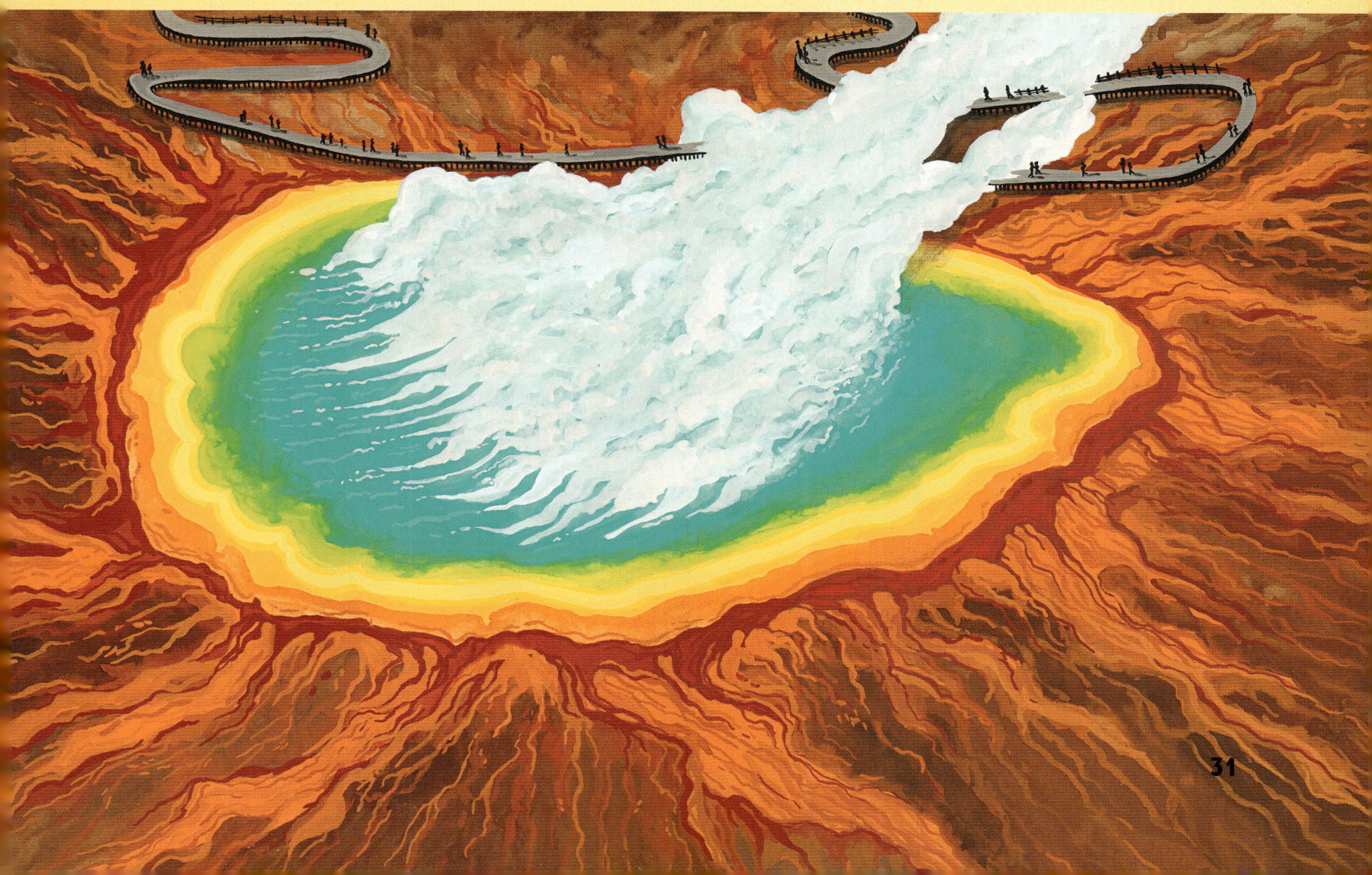

리는 웅덩이에는 화산 활동에서 유래한 염소, 나트륨, 실리카, 황화수소, 황산염, 비소 같은 화학 물질도 많이 들어 있어. 옐로스톤의 어떤 온천은 산성이 아주 강하고 뜨거워서 그 속에 빠진다면 몇 시간 만에 살이 다 녹고 말 거야. 그 속으로 들어갔다가 다시 나오지 못한 사람이 많아.

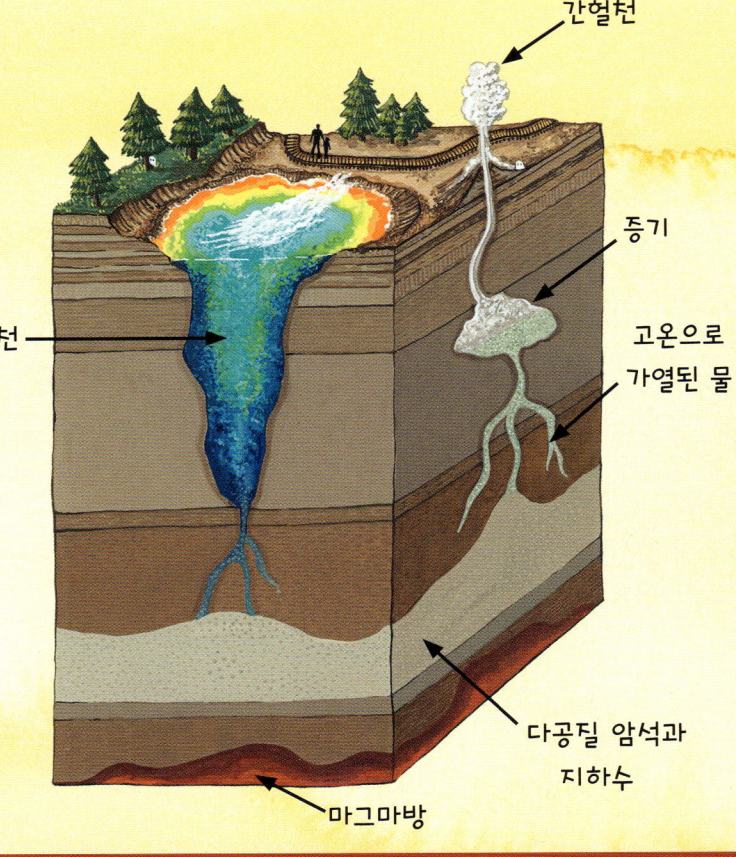

땅속에서 끓어오르는 증기와 물

온천은 땅속에서 지하수가 마그마에 가열되어 지표면으로 올라오는 장소에 생긴다. 간헐천은 증기와 물이 간헐적으로 분수처럼 분출되는 온천이다. 간헐천 아래의 지하에는 과열된 물과 증기가 땅속의 갇힌 공간에 모이면서 압력이 점점 높아진다. 그러다가 마침내 압력이 충분히 커지면, 증기와 물이 지표면 위로 분수처럼 솟구친다. 증기와 뜨거운 물의 공급이 바닥나면, 간헐천이 멈추고 다시 처음 상태로 되돌아간다.

1870년부터 옐로스톤 온천에서 사망한 사람은 스무 명이 넘어. 사고는 대개 방문객이 경고 팻말을 무시하고 온천을 더 자세히 보려고 정해진 길에서 벗어날 때 일어나지. 온천 주변에 형성된 광물 껍질은 단단해 보이지만 그 위에 올라서면 사람의 무게를 견디지 못하고 무너질 수 있어. 산 채로 삶기는 운명을 피하고 싶으면 경고 팻말을 꼭 명심하고 정해진 길로만 다니도록 해.

치명적인 입수

만약 실수로라도 옐로스톤의 온천에 빠진다면 어떤 일이 일어날까? 물이 엄청나게 뜨거우니, 살아서 다시 햇빛을 보긴 어려울 것이다. 그리고 통증이 너무 극심한 나머지 몇 분 이내에 신경계는 통증을 느끼지 못하게 되고, 뜨거운 증기나 수증기에 폐와 기도가 데여 호흡계가 치명적인 손상을 입게 된다. 게다가 어떤 온천에서는 독가스가 나오는데, 높은 농도의 독가스를 들이마실 경우에는 중독될 수 있다. 결국 아주 심한 열 스트레스 때문에 몸의 기관들은 기능을 상실한다. 피부도 금방 분해될 테고, 산성이 강한 물은 뼈와 그 밖의 신체 부위를 녹이기 시작할 것이다. 그러면 몇 시간 안에 모든 뼈가 완전히 녹아 사라지고 말 것이다.

카인디호

대륙: 중앙아시아
위치: 카자흐스탄
최대 깊이: 30m
표면적: 2.6km² 이상

카자흐스탄 남부의 톈산산맥 한가운데 자리 잡은 호수, 카인디호에는 수중 숲이 있어. 하얗게 변한 나무 수백 그루의 잔해가 호수 바닥에서 수면 위로 우뚝 솟아 있지. 이 호수는 1911년에 일어난 지진으로 생겨났어. 지진으로 지역 주민 수백 명이 죽고 많은 건물이 파괴되었지. 또 큰 산사태가 일어나 수많은 석회암이 계곡으로 쏟아져 내려왔고, 많은 유르트*가 산사태에 휩쓸려 서른여덟 명이 죽었어. 쏟아져 내려온 암석들이 천연 댐을 만들었는데, 시간이 지나자 그곳에 물이 고이면서 주변 지역에서 자라고 있던 가문비나무들이 차가운 물에 절반쯤 잠기게 됐어.

* 이 지역 주민이 사용하던 전통적인 천막.

시간이 더 흘러, 물 밖으로 노출된 부분은 가지와 잎을 대부분 잃었고, 하얗게 변한 그루터기만 수면 위에 남게 되었어. 하지만 물속 풍경은 훨씬 더 기괴해. 나무들은 온전한 모습을 그대로 지닌 채 거의 완벽하게 보존되어 있어. 아주 차가운 민물이 나무의 부패를 막아 준 거지. 따뜻한 호수였다면 얼마 지나지 않아 나무들이 썩어서 사라지고 말았을 거야. 하지만 이곳에서는 나무가 분해되어 사라지려면 앞으로도 수십 년이 더 걸릴 거야. 물은 밝은 청록색을 띠어 불길한 분위기를 자아내는데, 광물을 풍부하게 포함한 퇴적물인 **빙하 가루**가 물에 섞여 있기 때문이야. 빙하 가루는 오랜 시간 동안 빙하가 기반암을 **침식**시켜 만들어지지. 빙하가 녹으면 녹은 물과 함께 빙하 가루도 개울과 강으로 흘러 들어가.

큰 산사태가 일어나면서 암석과 흙과 부스러기가 사면을 따라 계곡으로 쏟아져 내려왔고, 이것이 물의 흐름을 막으면서 새로운 호수가 생겨났다.

물속으로 들어가 수면 아래의 풍경을 보는 것은 호수를 방문해 밖에서 물에 잠긴 나무들을 보는 것과는 완전히 다른 경험이야.

카인디호의 물속으로 들어가 탐험하는 잠수부들 앞에는 딴 세상 같은 풍경이 펼쳐지지. 오래전에 죽은 나무들이 죽 늘어선 물속 숲 사이를 지나갈 때, 지나가는 물결에 생명이 없는 나뭇가지들이 흔들거리는 모습은 괴기스럽기 짝이 없어. 호수 바닥은 묘지처럼 음산한 분위기를 물씬 풍기지. 마치 숲의 뼈다귀들이 시간 속에서 얼어붙어 있는 것 같아. 수면 위에서 새어 들어오는 빛이 호수 바닥에 아름다운 패턴과 그림자를 만들어 내면서 이곳의 으스스한 분위기를 더욱 고조시키지. 이곳을 탐험할 만큼 충분히 용감한 사람에게는 평생 잊지 못할 만큼 강렬한 경험이 될 거야.

세노테

대륙: 중앙아메리카
위치: 멕시코
최대 깊이: 27m
표면적: 2.6km² 이상

700~1100년경에 제작된 마야 문명의 부조 작품.
멕시코 유카탄반도 치첸이트사*의 신성한 세노테에서 발굴.

멕시코 유카탄반도에는 물이 고인 싱크홀이 수천 개나 있어. 이 거대한 웅덩이 중 탐사가 된 곳은 일부에 불과하지만, 고고학자들은 여기서 먼 옛날에 만든 보석과 도구에서부터 사람 뼈에 이르기까지 유물을 많이 발견했어. 현지 주민은 이런 호수를 세노테(cenote)라고 부르는데, '물이 찬 구멍'이란 뜻의 마야어 '초노트'에서 유래했어. 마야 문명은 약 1500년 동안(250년부터 1697년까지) 중앙아메리카 지역을 지배했는데, 세노테는 단순히 식수 공급원 외에 종교적으로도 중요한 의미를 지닌 장소였어.

유카탄반도의 기반암은 석회암인데, 석회암은 물에 녹는 성질이 있어. 그래서 시간이 지나면서 석회암 지역 여기저기에 동굴과 구멍이 생기고, 거기에 물이 채워지기도 해. 이렇게 석회암 지역이 물에 침식되어 여러 가지 특징적인 형태가 생기는 장소를 **카르스트 지형**이라고 불러. 동굴 천장이 무너져 내리면 세노테가 생기지. 세노테는 모양과 크기가 다양한데, 작은 통로를 통해 지하의 큰 호수로 연결된 것도 있어. 그러다가 바닥이 더 많이 무너지면, 호수 전체가 구덩이 주변의 수직 벽으로 둘러싸인 모습으로 바깥세상에 드러나게 돼. 싱크홀은 다른 곳에서도 발견되지만, 유카탄반도는 전 세계의 어느 곳보다 이러한 동굴들이 더 많이 모여 있어. 빗물은 표면의 수많은 균열을 통해 광범위한 지하의 강으로 흘러 들어가. 수백만 년 동안 이러한 물의 침식 작용을 통해 이 복잡한 지형이 만들어진 거야.

* 멕시코 유카탄반도에서 10~13세기에 번성했던 마야 신제국의 도시.

눅눅한 뼈

가장 오래된 북아메리카 원주민의 골격 중 일부가 유카탄반도의 한 세노테 바닥에서 발견되었다. 물에 잠긴 무덤 속에 있던 이 골격은 약 1만 3000년 전의 것으로 추정된다.

마야 문명의 도시였던 치첸이트사에 있었던 쿠쿨칸 신전과 신성한 세노테. (정확한 크기 비율대로 그린 것은 아님)

공룡의 최후

약 6600만 년 전에 거대한 소행성이 멕시코만에 충돌하면서 전 세계적인 대멸종 사건이 일어났는데, 그때 공룡도 함께 멸종했다. 이 충돌로 지표면에 거대한 구덩이가 생겨났다. 기반암이 녹아 세노테가 만들어지기까지는 수백만 년이 걸렸지만, 소행성 충돌로 생긴 구덩이 가장자리를 따라 죽 늘어선 싱크홀들은 공룡을 멸종시킨 사건의 흔적을 보여 준다.

공룡을 멸종시킨 칙술루브 운석이 유카탄반도에 남긴 구덩이 가장자리를 따라 세노테들이 고리 모양으로 죽 늘어서 있다.

세노테는 고대 마야인에게 중요한 의미가 있었어. 주요 식수 공급원이었을 뿐만 아니라, 죽은 자들이 머무는 지하 세계인 시발바(Xibalba)로 가는 통로로 신성시되었기 때문이야. 마야의 신전과 마을은 세노테 부근에 세워졌고, 심지어 세노테 위에 세워진 경우도 있었어. 물이 찬 지표면의 구멍은 지상 세계와 물로 채워진 지하 세계 사이의 출입구로 여겨졌어. 이 싱크홀 바닥을 탐험한 잠수부들이 발견한 증거에 따르면, 세노테는 종교 의식을 거행하고 신들을 달래기 위해 제물을 바친 장소였지. 치첸이트사의 신성한 세노테처럼 어떤 장소에서는 사람을 제물로 바친 증거도 나왔어. 신성한 세노테는 '희생의 우물'이라는 별명이 붙었는데, 비의 신 착(Chaac)에게 바치려고 금과 비취, 석기, 보물을 사람의 시신과 함께 물속으로 던졌기 때문이야. 수백 년 뒤에 깊은 싱크홀 바닥에서 발굴된 뼈들에는 전사, 젊은 여성, 심지어 어린이도 있었어.

어둡고 깊은 유카탄반도의 카르스트 동굴계 모험에 나선 사람은 고고학자들뿐만이 아니었어. 동굴 잠수는 매우 위험하지만 큰 인기를 끄는 활동이야. 아이스 다이빙과 침몰선 잠수처럼 전문적인 훈련이 필요한 진입 잠수의 한 종류이지. 잠수부는 등에 산소 탱크를 메고서 비좁고 칠흑같이 어두운 지하 통로를 지나가야 해. 종유석과 석순은 동굴에서 떨어지는 물이 증발하고 남은 광물 성분이 굳어서 만들어지는데, 이곳 동굴에는 천장에서 아래로 뻗은 종유석과 바닥에서 위로 솟아오른 석순 같은 석회암 지형에서 흔히 볼 수 있는 구조물들이 잔뜩 널려 있어. 다른 동굴 잠수와 달리 유카탄반도의 세노테와 물에 잠긴 동굴계에서는 예상치 못한 불청객을 만날 수 있는데…… 그건 바로 수백 년 전에 제물로 던져져 부패한 마야인 시신이야.

질소 마취

잠수부가 너무 빨리 깊이 잠수하면 질소 마취 때문에 방향 감각을 상실하고 혼란을 느낄 수 있다. 질소 마취는 '깊은 물속의 황홀감'이라고도 부른다. 잠수부가 물속에서 아주 깊이 내려가면 머리 위에 쌓인 물의 무게가 엄청난 압력으로 잠수부의 몸을 짓누른다. 그 결과로 수면 위에 있을 때보다 질소 기체가 더 많이 흡수된다. 몸에 흡수된 과잉 질소는 마취 효과를 발휘해 여러 가지 증상이 나타난다. 사고력과 판단력이 흐려지는데, 잠수부가 공포에 사로잡혀 더 헐떡이면서 숨을 더 빠르게 들이쉬면 상황이 더 악화될 수 있다. 게다가 잠수부가 오리발을 마구 퍼덕여 바닥의 진흙이 솟구치면 시야까지 탁해진다. 흐린 날까지 겹치면 수면으로 되돌아가는 길을 찾기란 거의 불가능하다.

세노테 싱크홀에서 볼 수 있는 종유석과 석순 같은 카르스트 지형의 특징은 동굴이 물에 잠기기 전에 생겨났다.

젤리피시호

대륙: 오세아니아
위치: 팔라우
최대 깊이: 30m
표면적: 2.6km² 이상

여러 층으로 나누어져 있는 젤리피시호의 물.

태평양 섬나라 팔라우에는 화려한 색을 발하는 황금해파리 수백만 마리가 들끓는 호수가 있어. 이 호수는 천연 터널을 통해 바다와 연결되어 바닷물과 호수의 민물이 섞여 있지. 니카라과호의 상어와 달리 황금해파리는 바다에 사는 점박이해파리의 한 아종*으로, 오직 이곳에서만 살아. 젤리피시호는 무인도에 있지만, 사람들이 배를 타고 이곳을 찾아와 수많은 해파리들과 함께 헤엄을 치며 즐거운 시간을 보내기도 해. 다행히도 황금해파리는 침을 쏘지 않거든.

이 해파리들은 약 1만 2000년 전에 해수면이 상승해 호수가 바다와 연결되었을 때 이곳에 왔을 가능성이 높아. 젤리피시호는 서로 섞이지 않는 층으로 나뉜 부분 순환 호수**야. 상층은 햇살이 내리쬐는 대기와 접촉하고 있어. 바람과 그 밖의 요인 때문에 상층에서는 순환이 일어나. 그 아래의 얇은 중간층에는 햇빛을 모두 흡수하는 자주색 세균이 살고 있어서 맨 아래의 바닥층까지 햇빛이 전혀 비치지 않아. 바닥층에는 산소도 전혀 없고, 물에 녹은 황화수소 기체만 가득해. 결국 해파리는 순환이 일어나는 상층에서만 살아갈 수 있어.

* 생물 분류 단계에서 종 아래에 있는 단계.
** 물의 순환이 전체적으로 일어나지 않고 표면 근처에서만 일어나는 호수.

해파리 해시계

젤리피시호의 황금해파리는 이동 패턴이 아주 독특하다. 매일 아침 황금해파리는 해가 뜨는 동쪽을 향해 헤엄쳐 간다. 그렇게 계속 나아가다가 섬과 나무가 드리우는 그림자 선에 이르면 거기서 이동을 멈추고 햇살이 비치는 곳에서 머문다. 그러다가 정오가 되면 이번에는 서쪽 호숫가를 향해 나아가다가 또다시 이동을 멈추고 역시 햇살이 비치는 곳에서 머물며 지낸다. 이러한 행동 패턴 때문에 화창한 아침에는 큰 해파리 무리가 한곳에 모여 수면 위에 거대한 '벽'처럼 보이는 장관을 빚어낸다.

특별한 공생 관계

황금해파리는 황록 공생 조류와 독특한 공생 관계로 살아간다. 황록 공생 조류는 해파리의 몸속에서 살아간다. 해파리는 자신의 몸속에서 조류***가 안전하게 거주하고 번식할 수 있는 환경을 제공한다. 햇빛은 반투명한 해파리의 몸을 통과하기 때문에 조류가 햇빛을 이용해 광합성을 할 수 있다. 대신에 조류는 광합성의 부산물로 산소를 만들 뿐만 아니라, 당류와 아미노산 같은 유기 화합물을 만들어 해파리에게 영양분을 공급한다. 해파리와 조류 사이의 이 공생 관계는 젤리피시호 생태계에서 두 생물이 잘 살아가는 데 아주 중요한 역할을 한다.

*** 물속에 살면서 광합성을 통해 에너지를 얻는 하등 식물.

엄청나게 작은 황록 공생 조류를 현미경으로 보면 대략 이런 모습이다.

칼리호

대륙: 유럽
위치: 에스토니아
최대 깊이: 15m
표면적: 2.6km² 이상

발트해의 사레마섬에 있는 칼리 운석 충돌구는 기이한 사건으로 만들어졌어. 수천 년 전인 기원전 1530~기원전 1450년에 한 운석이 지구 대기로 들어오면서 9개로 쪼개졌어. 각각의 조각은 지각에 충돌하면서 에스토니아의 발트해 **연안**에 있는 섬에 운석 충돌구 9개를 남겼지. 그중에서 가장 큰 것이 칼리 운석 충돌구인데, 여기에 물이 채워지면서 얕은 원형 호수가 생겨났어.

운석 충돌 직후, 폭발에서 생겨난 고열은 파편과 먼지를 사방 수 킬로미터에 흩뿌렸어. 사레마섬 상공의 대기는 엄청난 양의 먼지와 부스러기로 뒤덮였지. 그 때문에 햇빛이 차단되어 기온이 크게 떨어졌고, 주변 생태계가 큰 혼란에 빠지면서 먹이 사슬이 붕괴되었어. 운석 자체는 충돌 순간에 기화하면서 사라진 것으로 보여. 그래서 충돌이 남긴 파괴의 흔적 외에는 운석의 존재를 알려 주는 물리적 증거는 전혀 남아 있지 않아.

오늘날 이 9개의 충돌구를 뭉뚱그려 칼리 운석 충돌

운석이 떨어진 순간과 직후의 장면.

구 들판이라고 불러. 그중에서 가장 큰 운석 충돌구에 생긴 호수가 칼리호야. 먼 옛날에 일어난 대다수의 큰 운석 충돌 사건과 달리, 이 운석 충돌 사건은 당시에 이 지역에 살고 있던 유럽 사람들이 목격했을 가능성이 높아. 아마도 이 충돌로 인해 많은 사람이 죽었을 거야. 이 일을 경험한 선사 시대 사람들이 미래에 또다시 닥칠지 모를 재앙에 얼마나 두려움에 떨었을지는 지금 우리로서 상상하기가 어려워.

사레마섬과 칼리호의 위치(X 표시)를 나타낸 지도.

운석 충돌 사건은 사람들의 기억에서 쉽게 사라지지 않아. 여러 이야기가 대를 이어 가며 후세에 전해지다가 마침내 전설과 신화의 일부가 되었지. 에스토니아와 핀란드, 스칸디나비아에 전해 내려오는 전설과 신화에는 선사 시대에 일어난 이 사건과 관련이 있는 것으로 보이는 이야기들이 있어. 충돌 후 수백 년이 지나자 사람들은 이 기묘한 원형 함몰 지형이 어떻게 생겨났는지 알 수가 없었을 거야. 칼리 운석 충돌구는 아주 독특한 지형이었고, 그래서 신성한 장소가 되었어.

칼리호 바닥의 퇴적물에서 기묘한 증거가 발견되었는데, 이것은 당시 사람들의 행동 양식을 알려 주지. 이곳에서는 3~5세기의 은 목걸이와 은팔찌와 함께 17세기의 것으로 추정되는 가축 뼈가 꽤 많이 발견되었어. 이곳은 제물을 바치는 곳이었던 것으로 보여. 사레마섬에서는 풍작을 기원하며 짐승을 제물로 바치는 전통이 수천 년 전부터 이어져 내려왔는데, 이 전통은 섬 주민들이 기독교로 개종하고 난 뒤에도 계속되었지. 게다가 고고학자들은 철기 시대(기원전 1200~기원전 550)에 세워진 돌담 잔해를 발굴했는데, 이 돌담은 운석 충돌구 주위를 빙 두르고 있었어. 높이가 약 2미터에 길이는 약 469미터에 이르렀지. 이곳은 종교 행사가 벌어지던 중심지였을까?

태양신 헬리오스가 전차를 타고 바다에서 나오는 모습을 묘사한 그리스 항아리 (기원전 430년경).

우주적 사건과 신화의 관계

역사학자들은 그리스 신화에 나오는 파에톤 이야기가 칼리 운석 충돌 사건에서 유래했을 가능성이 있다고 본다. 태양신 헬리오스의 아들 파에톤은 아버지가 매일 몰던 태양 전차를 몰게 해 달라고 떼를 썼다. 하지만 파에톤이 말들을 제대로 다루지 못해 전차가 지상으로 너무 가까이 내려가면서 땅을 불바다로 만들었고, 이 때문에 사막들이 생겨났다. 제우스는 더 이상의 참사를 막으려고 번개를 던져 태양 마차를 부쉈고, 그 바람에 파에톤은 그 자리에서 죽고 말았다.

오늘날에도 칼리 운석 충돌구 호수는 현지 지역 사회에서 신성한 장소로 여겨지고 있으며, 사레마섬에서 자연 보호 구역으로 지정돼 있어. 무성한 나무들이 호수 주위를 빙 둘러싸고 있고, 방문객들은 호수 가장자리를 따라 조심스럽게 걸어가며 호수를 구경할 수 있어. 그런데 이 탁한 물속에 기괴하고 파괴적인 사건과 그 후의 역사를 알려 주는 고고학적 증거가 숨어 있다는 사실을 아는 사람은 드물어. 아주 먼 옛날, 우주에서 날아온 운석이 이곳에 충돌했고, 그 장면을 많은 사람이 보았으며, 그 후 수백 년 동안 현지 주민이 이 장소를 신성한 장소로 숭배해 온 역사의 증거가 이 물속에 숨어 있는 거야.

카와이젠호

대륙: 아시아
위치: 인도네시아
최대 깊이: 180m
표면적: 2.6km² 이상

　산성 호수 중 세상에서 가장 크고 산성도도 가장 높은 호수인 카와이젠호는 활화산인 이젠산의 화구야.* 이젠산은 인도네시아 자바섬 동부에 있으며, 더 거대한 이젠 **화산 복합체**의 일부야. 카와이젠호는 폭이 약 19킬로미터인 이젠산 칼데라에 자리 잡고 있지. 카와이젠호의 물은 화산 활동으로 분출된 광물 때문에 밝은 청록색을 띠고 있어. 화도**를 통해 밖으로 나온 산성 물질과 광물은 뜨거운 산성 기체에 휩쓸려 호수로 옮겨지지. 하지만 밝은색의 물빛에 속아서는 안 돼. 이 호수의 물은 배터리 속에 들어 있는 산보다 산성도가 더 높으니까! 만약 사람이나 동물이 호수에 빠진다면 살과 뼈가 녹고 말 거야.

　이젠산 화산은 파란색 화염으로도 유명해. 다른 곳에서는 보기 힘든 광경이야. 파란색 화염은 이산화황 기체가 타면서 나타나는데, 호수 전체에 달걀 썩는 냄새가 진동하는 것도 이산화황 기체 때문이야. 온도가 최대 600도나 되는 화도에서 나온 이산화황 기체는 뜨거운 용암 때문에 불이 붙으면서 파란색 화염을 내뿜지. 이 화염은 5미터 높이까지 치솟아 올라. 일부 기체는 식어서 액체로 변하지만, 그래도 여전히 파란색 화염을 내면서 탈 수 있어. 현지 주민은 이 화염을 '아피 비루'라고 부르는데, '파란 불'이란 뜻이야. 이 파란 화염은 어둠 속에서 잘 보이기 때문에, 이를 보려고 밤에

* 카와는 인도네시아어로 '칼데라'를 뜻한다. 따라서 카와이젠은 '이젠산의 칼데라'란 뜻이다.

** 마그마를 포함한 화산 분출물이 땅속에서 분화구로 나오는 통로.

불의 고리

이젠산은 '불의 고리'라고도 부르는 환태평양 조산대를 따라 늘어선 450여 개의 화산 중 하나이다. 불의 고리는 뉴질랜드에서 시작해 남아메리카까지 태평양 분지 가장자리를 따라 말굽 모양으로 늘어서 있다. 이곳은 여러 판이 만나 충돌하거나 상호 작용이 일어나는 지역으로, 깊은 해구가 만들어지고 화산과 지진 활동이 활발하게 일어난다. 전 세계의 화산 중 75% 이상, 전 세계의 지진 중 90% 이상이 불의 고리 지역에서 일어난다. 인도네시아의 여러 섬들은 인도-오스트레일리아판이 유라시아판 밑으로 밀고 들어가는 섭입대에 위치하고 있는데, 이젠산은 그중 한 섬에 있다.

화산 복합체

화산 복합체는 **지질학**적 기원과 장소가 서로 밀접하게 연관된 화산 집단을 말한다. 중앙 화산이나 칼데라가 중심에 있고, 그 주위를 주 화산계와 연결된 작은 화도들과 틈새들이 둘러싸고 있는 경우가 많다.

이곳을 찾는 관광객이 많아. 하지만 화산 주변은 유독한 가스 때문에 위험할 수 있어. 이곳을 방문하려면 방독면을 쓰거나 다른 예방 조치를 취하는 게 좋아.

파란색 화염을 만들어 내는 이산화황의 주요 성분인 황은 귀중한 원자재로 쓰이기 때문에 '악마의 금'이라고 부르기도 해. 광부들은 화산에서 캐낸 황을 잔뜩 짊어지고 가파른 화산 사면을 오르내리지. 화산 주변에 맴도는 공기에는 유독한 증기가 듬뿍 포함돼 있어. 황이 공기 중의 산소와 물과 반응하여 황산을 만들기 때문인데, 이 유독한 환경에서 일하다 보면 눈에서 눈물이 나고 목이 몹시 따가워. 광부들은 이를 예방하고 낮 동안의 열기도 피하려고 대개 한밤중에 물에 적신 천 마스크를 쓰고서 작업을 해.

광부들은 바구니와 금속 막대기를 들고서 화구 가장자리까지 걸어 올라가. 화구에 도착하면, 금속 막대기로 화구의 암석 벽을 부숴 노란색 황 덩어리를 떼어 내. 이렇게 떼어 낸 황 덩어리를 바구니에 차곡차곡 채운 뒤에 그것을 메고 가파른 화산 사면을 내려오지. 바구니 무게는 많으면 90킬로그램까지 나가는데, 바구니를 어깨 위에 올려놓고서 사면을 내려오는 이 여정은 몹시 힘들고 위험해. 이렇게 어렵게 캐낸 황은 시장에서 판매된 뒤, 비료와 화학 물질 생산 등 여러 산업 과정에 쓰이지. 위험하고 유독한 환경이지만, 이 지역의 황 광부들은 보호 장비도 거의 없이 이 일을 계속하고 있어. 아무리 힘들고 위험하더라도, 많은 현지 주민에게는 이 일이 유일한 소득원이기 때문이야.

보스토크호

대륙: 남극 대륙
위치: 남극 동부 빙상
최대 깊이: 792m
표면적: 약 1만 2500km²

보스토크호는 아주 기묘하고 불가사의한 장소야. 남극 대륙의 얼음 아래 아주 깊은 곳에 있지. 얼음 표면에서 3킬로미터 아래의 깊은 곳에 숨어 있는 이 호수는 지구에서 가장 외딴곳일 뿐만 아니라, 생물이 살기 가장 힘든 곳이야. 보스토크호 위에 쌓여 있는 **빙상**은 지구에서 가장 큰 얼음 덩어리야. 이 호수는 수백만 년 동안 햇빛과 대기와 차단돼 있었어.

남극 대륙 표면을 뒤덮고 있는 빙상이 민물이 언 것이라는 사실을 감안한다면, "어떻게 그 밑에 액체 상태의 민물 호수가 흐르고 있을까?"라는 의문이 떠오

남극 빙상 아래에는 담수호가 379개나 있다. 두께 수 킬로미터의 얼음이 그 위를 덮고 있지만, 많은 호수는 서로 연결돼 있어 호수와 호수 사이에 물이 흐르기도 한다. 보스토크호는 빙하 밑에 있는 호수 중 가장 큰 호수이다.

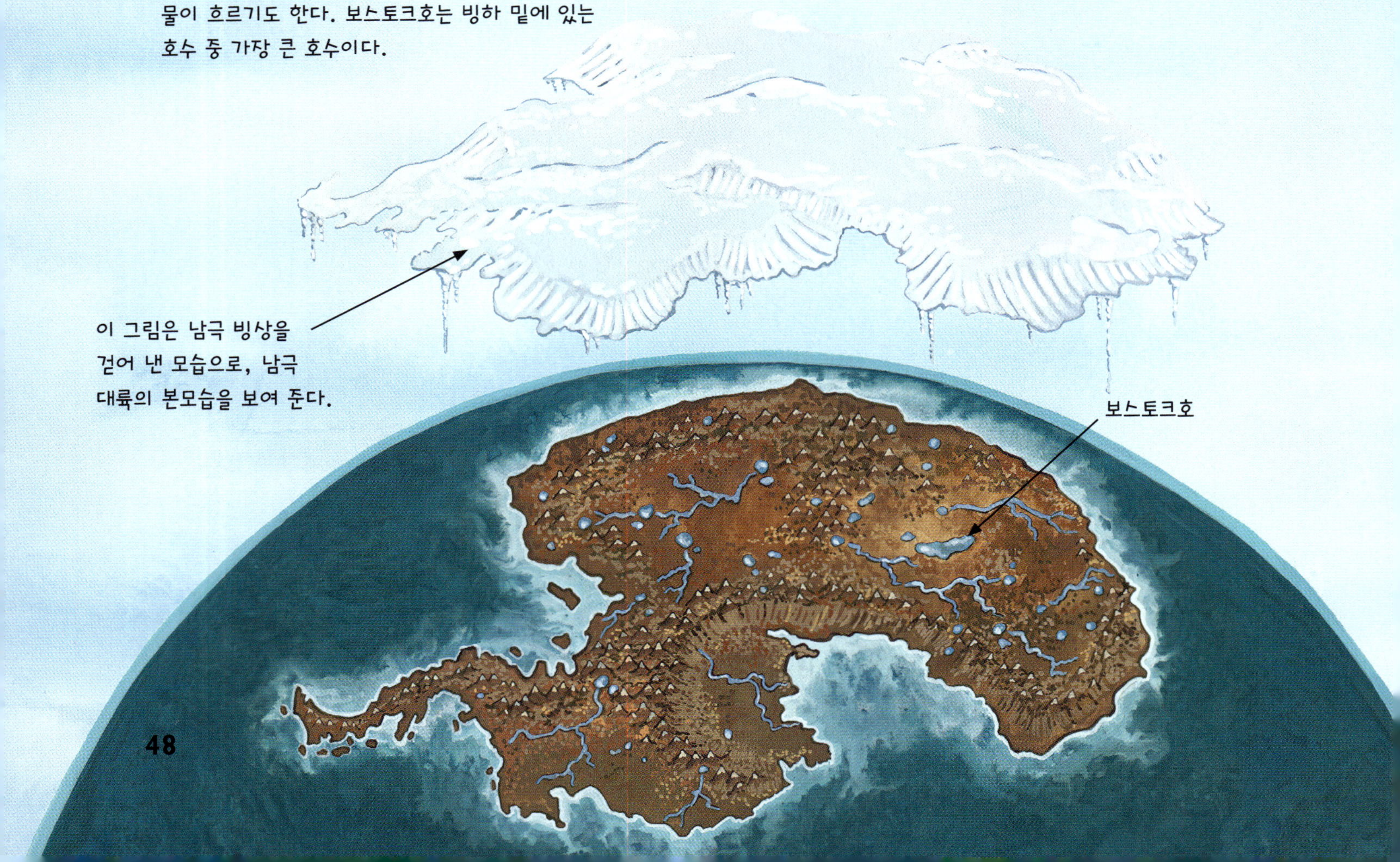

이 그림은 남극 빙상을 걷어 낸 모습으로, 남극 대륙의 본모습을 보여 준다.

보스토크호

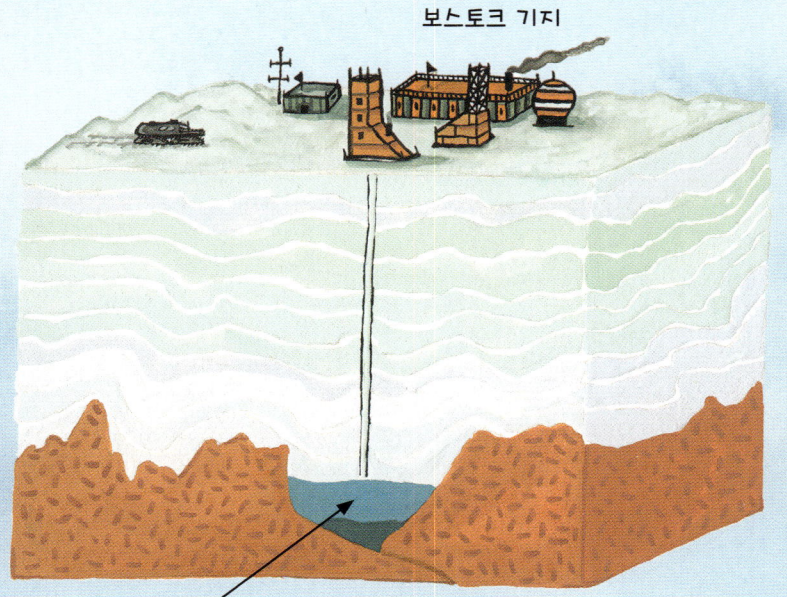

시간 속에서 얼어붙은 호수

남극 대륙은 5300만 년 전에는 쾌적하고 따뜻한 황야였지만, 지금은 전체 면적의 97% 이상이 얼음으로 뒤덮여 있다. 보스토크호는 남극 대륙의 기반암과 꽁꽁 언 빙상 사이에서 발견된 지하 호수 379개 중에서 가장 큰 호수로, 그 크기는 북아메리카의 온타리오호와 거의 비슷하다. 과학자들은 지구의 과거에 관한 가장 어두운 비밀 중 일부를 풀 수 있는 열쇠가 이 호수에 숨어 있을 것이라고 생각한다.

를 수 있어. 이것은 보스토크호의 수수께끼 중 하나이지만, 과학자들은 두 가지 이유를 내놓았어. 첫째, 빙상이 짓누르는 큰 압력이 물의 어는점을 낮춰 0도보다 낮은 온도에서도 물이 얼지 않게 한다는 거야. 아주 큰 압력에서는 얼음이 고체 형태를 잃고 액체 상태의 물로 존재해. 그 결과, 호수 위의 아주 차가운 온도에도 불구하고 그 아래에 있는 호수의 물은 액체 상태로 남을 수 있다는 거지. 둘째, 보스토크호 호수 바닥 아래에 **지열**이 새어 나오는 틈새가 있어 그 열에 물이 가열되어 얼지 않고 액체 상태로 존재한다는 주장도 있어.

극한의 기온

보스토크 기지는 지구에서 가장 추운 장소 중 하나이다. 1983년 7월 21일, 이곳의 기온은 영하 89.2℃까지 내려가 세계 신기록을 세웠다. 그런데 이곳은 일 년 내내 아주 춥다! 추운 계절(4월부터 9월까지)은 평균 기온이 영하 66℃인 반면, '따뜻한' 계절(10월부터 3월까지)조차도 평균 기온이 영하 44℃이다. 이렇게 추운 환경 때문에 보스토크 기지는 지구의 기후와 날씨를 연구하는 데 소중한 장소이다.

보스토크는 러시아어로 '동쪽'이란 뜻이다. 남극 동부 빙상 아래에 있는 보스토크호의 위치와 일치하는 이름이다.

1970년대에 소련은 기계 드릴을 사용해 깊이가 914m나 되는 얼음 코어를 파냈다. 1984년에는 보스토크 기지 근처에 새로운 시추 시설을 설치해 더 발전된 시추 기술로 얼음 코어를 채취했다.

보스토크호는 러시아군 탐사대가 처음 발견했는데, 주변 지역은 거칠고 울퉁불퉁한 얼음으로 뒤덮인 반면에 이곳은 얼음 표면이 비정상적으로 매끄럽다는 점이 눈길을 끌었어. 나중에 **지진파 데이터**를 통해 그 밑에 호수가 있다는 것이 확인되었지. 보스토크호는 아주 깊은 곳에 고립돼 있기 때문에, 기이한 생물이 많이 살고 있을지도 몰라. 수백만 년 동안 외부 환경과 격리된 채 진화해 다른 곳에서는 볼 수 없는 세균과 미생물이 살고 있을 수도 있어.

보스토크 기지에 머무는 러시아 과학자들은 1990년대 초에 얼음에 구멍을 뚫기 시작했어. 지하 호수인 보스토크호의 물 시료를 채취하려는 목적이었지. 그러다가 20년도 더 지난 2012년에 마침내 지하 호수에 도달하는 데 성공했고, 길이 3623미터의 얼음 코어를 채취했어. 지금까지 채취한 얼음 코어 중 가장 긴 것이었지. 하지만 호수에 접근하는 것은 아주 어려웠는데, 얼음을 뚫을 때 압력이 크게 낮아질 뿐만 아니라, 남극의 추운 기온으로 인해 구멍이 계속해서 얼어붙었기 때문이야. 보스토크호는 세상에서 가장 순수한 수역 중 하나이기 때문에, 과학자들은 외부 물질이나 생

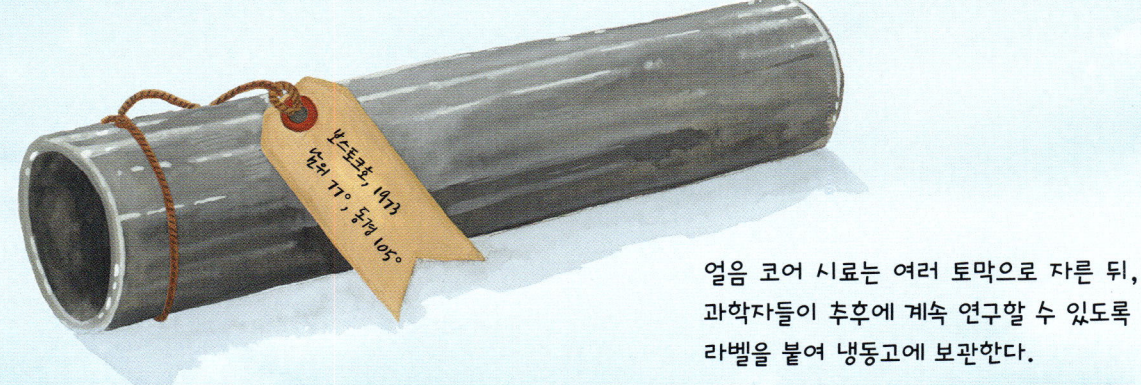

얼음 코어 시료는 여러 토막으로 자른 뒤, 과학자들이 추후에 계속 연구할 수 있도록 라벨을 붙여 냉동고에 보관한다.

완보동물은 물곰 또는 곰벌레라고도 부르는데, 남극 대륙의 얼음 속에서 발견된 극한 환경 미생물이다.

얼음 위의 외계 생명체!

과학자들은 극한 환경 미생물*에 큰 관심을 보인다. 햇빛이 전혀 비치지 않는 얼음 아래 호수에서 수백만 년 동안 살아온 미생물이 바로 대표적인 극한 환경 미생물이다. 이런 생명체의 존재는 태양계의 다른 행성이나 위성에서도 외계 생명체가 발견될 가능성을 높인다.

*극한 환경에서도 살아갈 수 있는 생명체.

명체가 유입되지 않을까 염려했어. 그래서 러시아 과학자들이 채취한 물 시료에서 많은 미생물이 발견될지는 몰라도 그 시료가 오염되었을 가능성을 배제하기 어려워. 과학자들은 주변의 얼음 지역들을 계속 연구하고 있지만, 깊은 곳에 있는 지하 호수의 물은 아직도 수수께끼에 싸여 있어.

보스토크호 위에 쌓인 두께 3km의 얼음에서 채취한 얼음 코어 시료에서 미생물이 발견되었다. 보스토크호에도 생명체가 살고 있을까?

마라카이보호

대륙: 남아메리카
위치: 베네수엘라
최대 깊이: 35m
표면적: 1만 3208km²

물속보다 물 위가 더 위험한 호수도 있어. 거대한 기수호인 마라카이보호는 카리브해에 면한 베네수엘라만으로 연결돼 있어. 이 호수에서는 기이하고 괴기스러운 현상이 일어나는데, 그건 바로 번개야. 일 년 내내 거의 매일 밤마다 마라카이보호 위에는 수천 번의 번개가 치면서 수면을 환하게 밝혀. 번개가 많이 치는 계절에는 분당 약 28번이나 번개가 치고, 10시간 넘게 폭풍우가 함께 몰아치기도 해. 그래서 마라카이보호에는 매년 100만 번 이상 번개가 치는데, 이로 인해 사상자가 발생하기도 하지. 토착 원주민 과히로족(와유족이라고도 해)은 이 번개를 '불의 강'이란 뜻의 '리브아바'라고 불러.

마른하늘에 날벼락

번개는 어떻게 생겨날까? 번개는 폭풍우 구름 속에서 양전하와 음전하가 쌓이면서 생겨난다. 양전하는 구름 꼭대기에, 음전하는 구름 바닥에 모인다. 뇌우(천둥과 번개를 동반한 비)가 쏟아지는 동안 지표면에는 양전하가 쌓인다. 반대 전하끼리는 서로 끌어당기기 때문에, 구름 바닥의 음전하는 지표면의 양전하와 연결되려고 한다. 그러면 그 사이에 강한 전기장이 생기고, 이 전기장이 공기를 이온화*시키면서 양전하와 음전하 사이의 장벽을 허물고 전기가 흘러간다. 그러면 번쩍 하고 번개 섬광이 발생한다!

*전기적으로 중성인 원자나 분자가 전자를 잃거나 얻어 양전하나 음전하를 띤 이온으로 변하는 현상.

마라카이보호는 남아메리카에서 가장 큰 호수 중 하나이자, 세상에서 가장 오래된 호수 중 하나야. 이 호수는 세계적인 번개의 수도로 일컬어지는데, 야간 뇌우가 일 년에 약 300번이나 발생하기 때문이야. 장관을 이루는 번개 쇼는 대부분 마라카이보호로 강물이 흘러 들어가는 카타툼보강 어귀에서 일어나. 이 때문에 이 번개에 '렐람파고 델 카타툼보(Relámepago del Catatumebo)', 즉 '카타툼보 번개'라는 별명이 붙게 되었지.

이 번개는 400킬로미터 밖에서도 보이는데, 그래서 옛날부터 카리브해를 지나가는 뱃사람들은 번개로 환해진 하늘을 길잡이로 사용했어. 마라카이보호의 번개는 카리브해 연안에서 하늘의 등대 역할을 해 온 셈이지. 1595년, 영국의 프랜시스 드레이크(Francis Drake)는 어둠을 틈타 바다에서 마라카이보를 공격하려고 했지만, 번개 섬광 때문에 배들의 위치가 들통나는 바람에 계획이 틀어졌어. 베네수엘라 독립 전쟁 중이던 1823년에도 똑같은 일이 벌어졌지. 마라카이보호 전투 때 에스파냐 함선들이 번개 때문에 위치가 발각되어 패하고 말았어.

수천 년 동안 이 극적인 빛의 쇼는 풀리지 않은 수수께끼로 남아 있었어. 그러다가 2015년에 마침내 베네수엘라 술리아 대학교 연구자들이 그 비밀을 알아냈어. 이곳의 독특한 지형과 기후는 폭풍의 발달과 번개 발생에 아주 이상적인 환경이었던 거야. 적도에 가까이 위치한 베네수엘라는 많은 태양 에너지를 받아 수증기가 아주 많아. 삼면이 안데스산맥으로 둘러싸인 마라카이보호는 사발처럼 우묵한 계곡에 위치하고 있는데, 이 계곡은 카리브해에서 불어오는 따뜻한 열대 바람을 붙들기에 안성맞춤인 지형이지. 저녁이 되면 위로 솟아오르는 따뜻한 공기가 산에서 내려오는 차가운 공기와 충돌하면서 폭풍 구름이 생겨나고, 그 속에서 정전하가 쌓이면서 번개가 만들어지는 거야. 번개가 아주 많이 치는 또 하나의 장소는 동아프리카 열곡대(동아프리카 지구대라고도 해)에 위치한 빅토리아호인데, 이곳도 기후와 지리적 특징이 마라카이보호와 비슷해.

카타툼보강 어귀에서 일어나는 카타툼보 번개를 만드는 데에는 마라카이보호를 둘러싸고 있는 안데스산맥이 한몫을 한다.

53

니오스호

대륙: 아프리카
위치: 카메룬
최대 깊이: 208m
표면적: 2.6km² 이상

화산 분화는 격렬한 폭발과 자욱하게 피어오르는 연기, 흘러넘치는 용암을 수반하지. 하지만 시간이 많이 지나면, 활화산은 활동을 멈추고 휴면 상태에 들어가는데(이런 화산을 **휴화산**이라고 해), 그 뒤에는 차갑게 식은 분화구(화구)만 남아. 많은 화구는 조용하고 평화로워. 이 화구에 물이 차서 생긴 호수를 화구호라고 부

탄산음료의 거품

기체가 물에 녹는다는 것은 상상하기가 어렵지만, 물고기가 아가미를 사용해 물속에 녹아 있는 산소로 호흡한다는 사실을 생각해 보라. 마개를 딴 탄산음료 캔에서 흘러나오는 거품을 본 적이 있는가? 이 거품은 탄산음료에 녹아 있던 이산화탄소가 기체가 되어 액체 밖으로 나오면서 생긴다.

르지. 하지만 일부 화구는 여전히 위험해. 니오스호은 차갑고 조용하고 물결도 고요하지만…… 치명적일 수 있어.

1986년 8월 22일 아침, 니오스호 인근에서 사람 1746명과 그들이 키우던 반려동물과 가축이 모두 죽은 채 발견되었어. 이 재앙의 원인은 온 마을이 조용해진 뒤에도 오랫동안 알 수 없었어. 죽은 사람들과 동물들을 제외하고는 모든 것이 똑같았지. 풀은 여전히 푸르렀고, 하늘은 맑았으며, 집들도 말끔한 상태로 남아 있었어. 하지만 끊임없이 윙윙대던 곤충들의 소리가 뚝 그쳤고, 한낮의 햇빛 아래 널려 있는 시체들에는 파리도 얼씬대지 않았지. 눈에 띄는 유일한 변화는 니오스호의 물이었는데, 분화가 일어난 뒤 며칠 동안 적갈색으로 변했어. 과학자들이 현장에 와 조사를 하고 나서야 이곳에서 어떤 일이 일어났는지 그 실체가 드러났어.

이 기이한 사건의 원인은 니오스호 내부에 있었어. 그토록 많은 죽음을 초래한 범인은 바로 이산화탄소 기체였어. 비록 화산은 휴면 상태에 들어갔더라도, 거기서 여전히 화산 가스가 뿜어져 나올 수 있거든. 땅속 깊은 곳에 있는 마그마에서 생긴 화산 가스가 지표면의 틈새와 균열을 통해 밖으로 새어 나오는 거야. 일반적인 상황이라면 화산 가스는 공기와 섞여 확산되지만, 이 유화산의 화구는 물로 채워져 있었지. 이 때문에 시간이 지나면서 화산 가스(주로 이산화탄소로 이루어진)는 호수 바닥에 점점 쌓이게 되었어. 많은 화구호처럼 니오스호도 수심이 아주 깊어. 얕은 호수라면, 이산화탄소 기체 거품이 부글거리며 수면으로 올라와 대기 중으로 빠져나가겠지. 하지만 깊은 호수에서는 이산화탄소 기체가 수면에 도달하기 전에 물속으로 녹아들고 말아. 호수에 찬 물의 부피가 클수록 그 속에 녹아들 수 있는 이산화탄소의 양도 많아져.

수면에서 208미터 아래에 있는 호수 바닥의 환경은 어마어마한 양의 이산화탄소 기체를 붙들어 두기에 딱 좋았어. 수십 년의 시간이 흐르는 동안 니오스호 바닥에는 엄청난 양의 이산화탄소가 축적되었어. 그러다가 어느 날, 니오스호가 수십 년 동안 흔든 탄산음료 캔처럼 폭발하고 만 거야. 1986년에 일어난 이 호수의 폭발 원인을 정확하게 아는 사람은 아무도 없어. 지진이 발생해 호수를 뒤흔들었을 수도 있고, 특별히 강한 바람이 불어 수면을 요동치게 했을 수도 있어. 많은 사람은 산사태로 쏟아져 내려온 돌과 흙이 호수에 들어가면서 바닥의 차가운 물을 뒤흔든 게 아닌가 의심해. 그 바람에 이산화탄소가 많이 녹아 있던 물이 수면 위로 올라왔고, 그 과정에서 이산화탄소는 다시 기체 거품으

로 빠르게 변했을 거야. 이산화탄소로 포화된 물이 폭발적인 속도로 수면 위로 솟구치자, 그 결과로 엄청난 양의 이산화탄소가 거의 순간적으로 니오스호에서 방출되었지. 이를 호수 분출이라고 불러.

많은 양의 이산화탄소는 사람과 동물에게 매우 유독해. 보이지도 않고 냄새도 없는 이산화탄소는 주변 공기보다 밀도가 높아서 지면 가까이에 깔리는데, 당시에 호수에서 주변의 낮은 지역으로 시속 약 72킬로미터로 이동한 것으로 추정돼. 이산화탄소 기체는 깊이 잠들어 있던 사람들의 집으로 스며들었고, 살아 있는 모든 생물을 거의 다 질식시켰어. 그야말로 소리도 없고, 보이지도 않는 살인자였지.

놀랍게도 이런 종류의 호수 분출은 조용히 일어나기 때문에, 이산화탄소 기체가 아래의 마을을 향해 쏟아져 내려올 때 어둠 속에서 우르릉거리는 소리조차 거의 들리지 않았을 거야. 이 사건으로 호수의 물이 마구 뒤섞이면서 평소에 갈색이었던 물이 적갈색으로 변했어. 호수 바닥에 많이 깔려 있던 철이 공기에 노출되면서 산화되어 적갈색을 띠었기 때문이야.

전형적인 화산 분화가 초래하는 파괴와 비교한다면, 니오스호의 호수 분출은 시시해 보일 수도 있어. 남은 증거라고는 많은 생물의 죽음밖에 없고, 나머지 땅은 아무 일도 없었다는 듯이 온전한 상태로 남아 있었으니

심지어 작은 벌레들조차도 이산화탄소 기체에 질식해 죽었다.

까. 안타깝게도 니오스호 참사는 처음 있는 호수 분출 사건이 아니며, 분명히 마지막 사건도 아닐 거야. 1984년에 카메룬 모노운호에서도 이와 비슷한 일이 일어나 37명이 사망했어. 이런 치명적 사건은 아주 드물게 일어나긴 하지만, 전 세계의 호수 중에는 그 깊은 바닥에 다량의 이산화탄소를 은밀히 숨기고 있는 호수가 더 있을 가능성이 높아. 실제로 같은 아프리카 대륙에 있는 키부호는 니오스호보다 1000배 이상이나 큰데, 호수 바닥에서 비슷한 화산 가스가 분출되고 있어. 호숫가 주변에는 수백만 명이 살고 있는데, 이들은 재깍거리는 시한폭탄 옆에서 살아가는 셈이야.

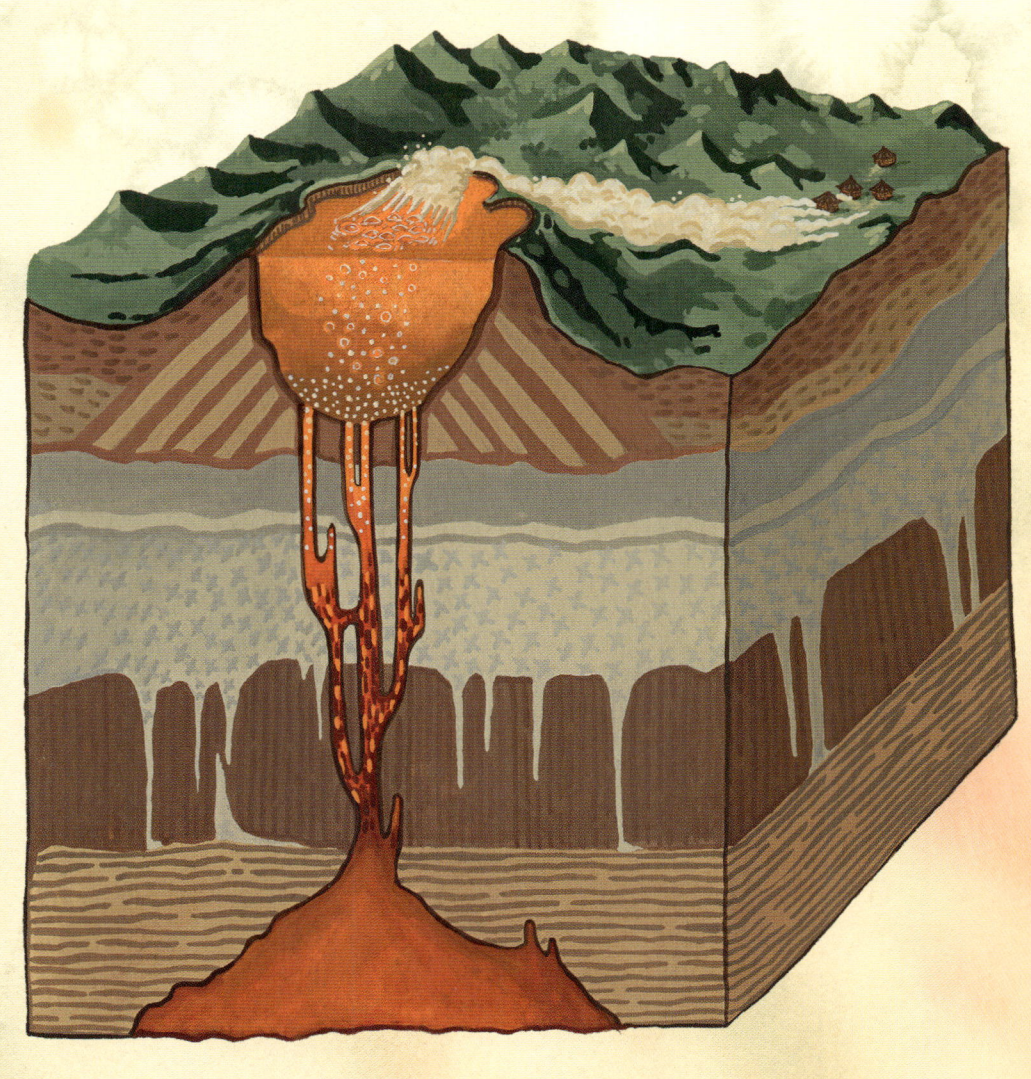

호수 분출은 호수 바닥에 쌓여 있던 기체가 호수 아래의 지열 활동으로 인해 폭발적으로 분출하는 현상이다.

피치호

대륙: 남아메리카
위치: 트리니다드
최대 깊이: 76m
표면적: 2.6km² 이상

피치호에 끊임없이 공급되는 아스팔트는 땅속 깊은 곳에서 나온다.

트리니다드 라브레아에 있는 피치호는 아스팔트 호수야. 아스팔트 호수라니, 믿기 힘들다고? 말 그대로야! 게다가 이곳은 세상에서 가장 큰 천연 아스팔트 호수야. 반짝이는 검은색 표면은 마치 고속도로가 녹아서 생긴 거대한 웅덩이처럼 보여. 호수 주변에는 울퉁불퉁한 아스팔트 둔덕들로 이루어진 초자연적 풍경이 펼쳐져 있는데, 이건 오랜 세월에 걸친 이동과 **풍화**, 침식의 결과로 만들어진 거야. 호수 표면은 그 위로 걸어갈 수 있을 만큼 단단하지만, 완전히 단단한 고체 덩어리는 아니야. 약간 끈적거리는 점성이 있어 부드러운 버터나 녹은 초콜릿과 비슷해 보여. 그렇다고 해서 먹을 생각은 하지 말도록!

피치호의 기원은 수백만 년 전에 살았던 열대 우림의 식물로 거슬러 올라가. 시간이 지나면서 죽은 식물과 유기 물질이 지하의 석유와 가스 퇴적층에 갇히게 되었어. 그 후 판의 활동으로 이 퇴적물이 지표면으로 올라와 화산재와 섞여 피치호 특유의 아스팔트 물질로 변한 것으로 보여. 이 호수에는 아스팔트가 수천만 톤이나 있는 것으로 추정돼.

걸쭉한 검은색 아스팔트가 지표면 아래에서 계속 솟아오르면서 호수의 틈새나 푹 꺼진 부분을 채우고 있어. 수백 년 동안 이 호수에서 아스팔트를 채취했는

타르 호수?

검고 끈적한 외관 때문에 피치호를 종종 '타르 호수'라고 부르지만, 이는 엄밀하게는 정확한 용어가 아니다. 피치호의 천연 아스팔트는 타르와는 화학적 조성이 다르다. 또한 이곳의 아스팔트는 도로 건설에 쓰이는 아스팔트하고도 다른데, 도로용 아스팔트는 대개 인공적인 제조 과정을 통해 만들어지기 때문이다.

데도 불구하고, 아스팔트가 계속 보충되고 있지. 피치호는 '살아 있는' 호수라고 불리기도 하는데, 끈끈한 액체가 천천히 흐르고 검은색 기체 거품이 부글거리고 방문객이 그 위를 걸으면 기괴한 소리가 나기 때문이야. 피치호 표면의 질감은 어떤 곳은 거칠고 주름진 코끼리 피부와 비슷한 반면, 좀 부드러운 곳은 끈적거리는 유사*와 비슷한데, 햇빛에 가열되었을 때에 특히 더 그래.

피치호는 트리니다드 사람들에게 문화적으로 중요한 의미가 있어. 현지 주민은 수백 년 동안 이 호수에 다양한 질병을 치료하는 성질이 있다고 믿었고, 1498년에 에스파냐인이 도착하기 전부터 이곳에서 살아온 아라와크족은 피치호를 신의 처벌이 일어난 장소로 여겼어. 그들의 전설에 따르면 아라와크족이 조상의 화신으로 여기던 벌새를 경쟁 부족이 죽이자 신이 크게 분노했다고 해. 그래서 그 경쟁 부족을 모조리 죽여 아스팔트 호수로 만들었다는 거야.

지난 수백 년 동안 피치호의 아스팔트 늪에서는 많

끈적끈적한 상황

피치호와 비슷한 라브레아 타르 웅덩이는 캘리포니아주 로스앤젤레스 중심부에 위치해 있다. 이 천연 아스팔트 웅덩이는 검치호, 다이어울프, 매머드 등 선사 시대에 살았던 많은 동물이 빠져 화석으로 보존돼 있기 때문에 선사 시대의 세계를 들여다볼 수 있는 창이다.

은 화석과 뼈, 고고학적 유물이 발견되었어. 아스팔트는 보존 능력이 아주 뛰어나, 호수 깊은 곳에서 카누의 노, 그릇, 베 짜는 도구, 의자처럼 나무로 만든 인공 유물과 함께 트리니다드 원주민이 남긴 그 밖의 많은 유물이 온전한 상태로 발굴되었어.

* 바람이나 흐르는 물에 의해 흘러내리는 모래.

아스팔트 환경에 적응해 살아가는 생물

도저히 생물이 살 수 없을 것 같은 환경처럼 보이는데도 불구하고, 피치호에는 많은 생물이 살고 있다. 극한 환경에 적응한 미생물들은 이 독특한 생태계에서 잘 살아간다. 연구자들은 피치호의 끈적한 아스팔트 늪에서 살아가는 미생물을 많이 발견했는데, 뜨겁고 물이 부족한 환경에서도 기름을 분해하면서 살아가는 것으로 보인다.

메가테리움(거대한 땅늘보)은 마지막 빙하기 때 살았던 초식 포유류로, 동작이 아주 느리고, 기다란 발톱과 육중한 몸집을 가졌다. 오래전에 멸종한 이 동물의 뼈가 아메리카 곳곳의 아스팔트 호수에서 발견되었다.

스피릿호

대륙: 북아메리카
위치: 미국
최대 깊이: 33m
표면적: 10.36km² 이상

화산 분화 이전의 세인트헬렌스산과 스피릿호.

스피릿호는 미국의 유명한 화산인 세인트헬렌스산에서 불과 몇 킬로미터 떨어진 곳에 있는 큰 수역이야. 1980년 5월 18일에 세인트헬렌스산에서 유명한 분화가 일어난 뒤, 이 호수와 산에는 큰 변화가 일어났어. 태평양 북서부의 캐스케이드산맥에 있는 세인트헬렌스산은 캘리포니아 북부에서 오리건주와 워싱턴주를 거쳐 캐나다의 브리티시컬럼비아주까지 뻗어 있는 화산들 중 하나야. 이 화산 분화는 현대 미국사에서 가장 극적인 화산 분화 사건 중 하나였어. 분화가 일어나기 몇 개월 전부터 이 산을 면밀히 감시하고 있던 과학자들은 계속 이어지는 소규모 지진과 증기 분출, 화산 사면에서 일부 지역이 불룩 솟아오르는 현상을 관찰했는데, 이것들은 모두 곧 닥쳐올 큰 재난을 예고했지.

5월 18일 아침, 화산 주변의 마을 주민들은 따뜻한 봄날을 즐기고 있었어. 그런데 오전 8시 32분에 땅을 뒤흔들고 고막을 찢을 듯한 폭발이 일어났어. 실제로 일어난 화산 분화는 좀 특이했어. 우리가 흔히 생각하는 화산 폭발처럼 분화가 하늘을 향해 수직 방향으로 일어난 게 아니었어. 화산 북면이 무너져 내리면서 거대한 산사태가 일어났지. 그러면서 땅속 깊은 곳에 있던 마그마방이 노출되면서 화산 내부에 축적되고 있던 엄청난 압력이 분출되었는데, 수직 방향이 아닌 측면 방향으로 화산 폭발이 일어났어. 최대 시속 1078킬로미터라는 엄청난 속도로 화산 분출물이 쏟아져 나왔고, 고온의 가스와 뜨거운 암석으로 이루어진 이 화산 분출물의 벽이 주변 지역을 휩쓸고 지나가면서 모든 것을 파괴했지.

전 세계로 퍼져 간 화산재

분화가 시작되고 나서 9시간 동안 세인트헬렌스산에서 쏟아져 나온 화산재는 약 4억 9000만 톤에 이른다. 공중으로 솟아오른 화산재 구름은 하늘을 어둡게 만들면서 동쪽으로 퍼져 나갔는데, 무려 5만 7000km²에 이르는 지역을 뒤덮었다. 화산재 구름은 매우 짙어서 사실상 모든 햇빛을 차단했고, 그 바람에 멀리 떨어진 워싱턴주 스포캔에서도 어둠에 민감하게 반응하는 가로등에 불이 들어왔다. 이 가로등은 분화가 계속되는 낮 동안 내내 불이 켜져 있었다. 화산재 입자는 심지어 지구 전체로 퍼져 나가, 화산 분화의 영향이 얼마나 멀리까지 미치는지 보여 주었다.

분화가 일어난 뒤 파괴된 나무만 100만 그루가 넘고, 그 후에 일어난 산불로 사라진 나무도 수백만 그루나 되었어. 화산재와 화산 가스가 24킬로미터 높이까지 상공으로 치솟으면서 거대한 화산 연기 기둥을 만들었는데, 이것은 수백 킬로미터 밖에서도 보였다. 화산 분화의 직접적 결과로 57명이 목숨이 잃었는데, 여기에는 등산객과 야영객, 그리고 현장에 있던 과학자도 포함돼 있었어. 사망자 중 다수는 측면 폭발과 화산 쇄설류*에 목숨을 잃었어. 세인트헬렌스산이 분화하고 나서 주변 지역에는 한동안 기괴한 침묵이 흘렀지. 한때 생기가 넘치고 무성했던 숲은 황량한 폐허로 변했고, 검게 탄 나무 그루터기와 잿더미만 끝없이 널려 있었어.

* 화산재, 암석 조각, 고온의 가스가 섞여 비탈진 지면을 따라 빠르게 흘러내리는 것.

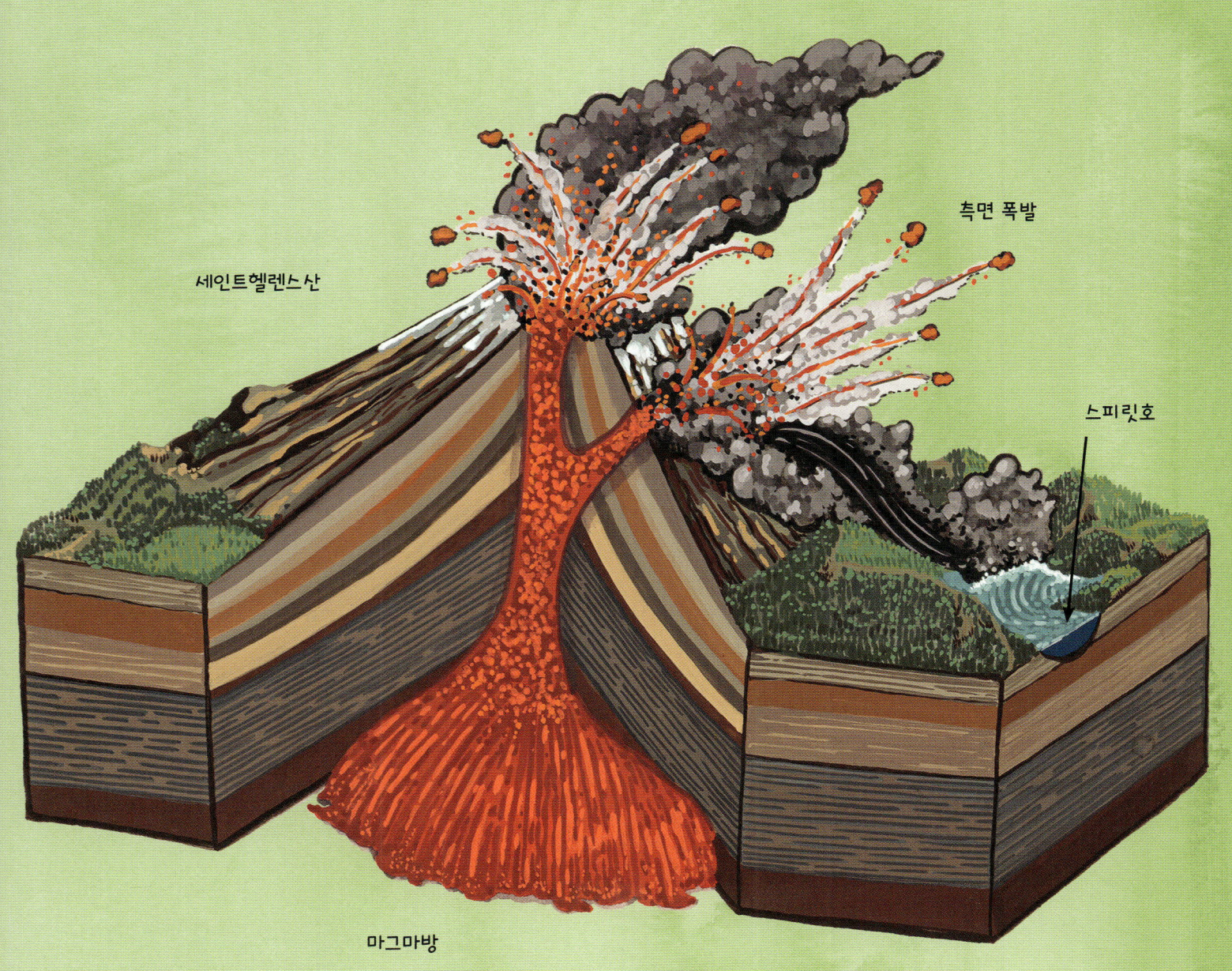

61

화산재에 파묻혀 최후를 맞이한 사람

해리 R. 트루먼(미국의 33대 대통령인 해리 S. 트루먼과 혼동하지 말도록)은 화산 기슭에서 가까운 스피릿호 호숫가에서 세인트헬렌스 산장을 운영하며 살았다. 트루먼은 화산 분화가 일어나기 전에 대피하라는 당국의 지시를 계속 무시하고 완강하게 버팀으로써 악명을 떨쳤다. 슬프게도 화산 쇄설류가 덮치는 바람에 산장은 46m 높이의 화산 물질에 파묻혔고, 트루먼은 기르던 16마리의 고양이와 함께 죽고 말았다.

측면 폭발 전에 일어난 첫 산사태는 기록된 인류 역사상 가장 큰 규모의 산사태였어. 엄청난 양의 암석과 얼음, 부스러기가 사면을 따라 최대 시속 240킬로미터로 쏟아져 내려왔지. 그중 일부는 곧장 스피릿호로 돌진했어. 충돌하는 순간, 호수의 물을 바닥에서 밀어내면서 큰 해일이 일어났고, 그 바람에 물이 밀려간 북쪽 호숫가에서는 수위가 평소보다 260미터나 높아졌어. 강력한 파도는 주변 산비탈을 휩쓸면서 수천 그루의 나무를 뿌리째 뽑은 다음에 호수 속으로 끌고 갔지. 그 모든 잔해와 나무 때문에 호수 수면이 약 60미터 높아지면서 **호안선**이 크게 변했어. 분화에서 나온 화산재가 모두 가라앉자, 호수 중 약 3분의 1은 떠다니는 통나무로 가득했어. 이 통나무들이 서로 엉겨 붙어 매트처럼 수면을 뒤덮었지.

스피릿호는 그 사건 이후에도 몇 년 동안 화산 분화의 영향에서 완전히 벗어나지 못했어. 물은 화산 가스로 오염되고, 호수에 가득 찬 잔해 때문에 질식 상태에 이르렀지. 통나무 매트는 거의 그대로 방치되었는데, 세인트헬렌스산의 파괴적 힘에 사라져 간 모든 생물을 위한 고요한 묘지나 다름없었지. 시간이 지나자, 통나무 매트는 호수의 생태계에서 중요한 역할을 하게 되었어. 유독했던 수질이 개선되자 되돌아온 물고기와 곤충, 미생물을 포함해 다양한 수생 생물에게 서식지와 은신처를 제공했어. 이 호수의 독특한 환경은 화산 폭발 후에 일어나는 환경 변화에 대한 기록을 보여 주며, 또한 생태계의 회복 과정에 대해 더 많은 것을 알려 주지. 계절에 따라 통나무는 바람에 밀려 호수의 다른 장소들로 이동하는데, 바람이 거셀 때에는 통나무들이 빽빽하게 모이고, 바람이 잦아들면 더 느슨하게 퍼져.

스피릿호의 통나무 매트는 1980년 화산 분화의 엄청난 위력을 냉혹하게 보여 주는 동시에, 가장 극심한 자연재해가 일어난 후에도 자연의 탄력성과 생태계의 회복력과 적응력이 얼마나 대단한지 보여 주는 증거야. 세인트헬렌스산은 과거의 화려한 영광을 증언하는 껍데기만 남아 있는 상태이지만, 여전히 활화산이어서 2008년에 또다시 분화했어. 1980년의 악명 높은 분화 이후에 사람들은 화산 활동을 감시하고 관리하는 능력을 개선하려는 노력을 많이 기울였어. 또한, 활화산 부근에서 살아가는 위험성을 일반 대중에게 널리 알리려고도 노력했지.

치엔다오호

대륙: 아시아
위치: 중국
최대 깊이: 120m
표면적: 572km²

전 세계의 호수와 강, 바다 밑에는 과거의 보물이 숨어 있어. 고대 문명의 잔해가 오랫동안 잊힌 채 파도 밑에서 조용히 잠자고 있는 거지. 물 밑에 가라앉은 클레오파트라의 궁전 유적부터 전설 속의 도시 아틀란티스에 이르기까지 물속에 잠겨 있는 이 고대의 수수께끼들은 탐험가와 역사학자의 상상력을 사로잡아 왔어.

중국의 치엔다오호도 예외가 아니야. 경치 좋은 산들 사이에 자리 잡은 이 인공 호수 밑에는 인간의 기억 속에서 사라진 고대 도시가 있거든.

치엔다오호는 1959년, 신안강에 대규모 수력 발전소가 건설되면서 생겨났어. 수력 발전을 위해 높이 104미터, 길이 457미터의 콘크리트 댐이 건설되었지. 이 댐은 전력을 생산하고, 홍수를 조절하고, 항행*이 가능한 수로를 제공하기 위해 설계된 현대 공학의 위업이었어. 그 결과로 댐 위쪽 지역이 침수되면서 거대한 저수지가 생겨났어. 수위가 높아지자 언덕들이 물에 잠겼고, 저수지 곳곳에 1000여 개의 작은 섬이 생겨났지. 치엔다오호(千島湖)라는 이름은 여기서 유래했는데, '천 개

* 배나 비행기를 타고 나아가는 것.

물에 잠기기 전의 시청 모습을 상상해 그린 그림.

물속에 잠긴 고대 유적

전 세계에서 인간이 만든 저수지 때문에 물속에 잠긴 고대 도시 사례는 수없이 많다. 한 예는 튀르키예에 있는 1만 2000년 전의 도시 하산케이프인데, 2018년에 일리수 댐이 건설되고 나서 티그리스강 아래에 잠겨 버렸다. 이로 인해 거대한 무덤과 고대의 공중목욕탕, 역사적인 모스크와 미너렛(이슬람교 사원 외곽에 설치하는 첨탑)을 포함해 많은 역사 유적이 물속으로 사라졌다.

의 섬이 있는 호수'란 뜻이야. 하지만 이 기념비적인 댐의 건설에는 큰 대가가 따랐어. 약 30만 명이 살던 곳을 떠나 다른 곳으로 이주해야 했고, 고대 도시 시청(獅城)**을 포함해 많은 유적이 물에 잠겼지.

사람들의 기억 속에서 50년 이상 잊힌 도시 시청을 2000년대 초에 잠수부들이 재발견했어. 이 수중 도시는 어둠 속에 잠겨 있었는데, 수면에서 40미터 아래까지 잠수한 잠수부의 불빛을 통해 그 모습이 드러났어. 1000년도 더 전에 건설된 것으로 보이는 이 도시는 치엔다오호 바닥에 괴기스러울 정도로 조용히 잠들어 있으며, 거리와 건물들은 시간이 멈춘 듯이 보여. 정교한 조각과 화려한 석상들로 장식된 돌담들이 탁한 물속에서 유령 보초병처럼 어렴풋하게 그 모습을 드러내지. 목제 대들보와 아치길과 계단을 포함해 도시 전체가 물속에서 놀랍도록 온전하게 잘 보존돼 있어.

** '사자의 도시'란 뜻이다.

댐의 나라

중국에는 댐의 수가 9만 8000개 이상으로, 세상에서 가장 많다. 대부분은 1970년대 이전에 지어진 소형 댐이다. 하지만 2009년에 건설된 싼샤 댐은 세상에서 가장 큰 댐이자 가장 큰 수력 발전소이다. 이 거대한 댐은 양쯔강에 건설되었는데, 계곡을 침수시키면서 거대한 저수지를 만들었다. 국제 우주 정거장에서 식별할 수 있는 큰 인공 구조물은 극소수인데, 싼샤 댐이 그중 하나이다. 그 밖의 구조물로는 기자의 피라미드와 두바이의 팜 아일랜드가 있다.

샤간호

대륙: **아시아**
위치: **카자흐스탄**
최대 깊이: **100m**
표면적: **2.6km² 이상**

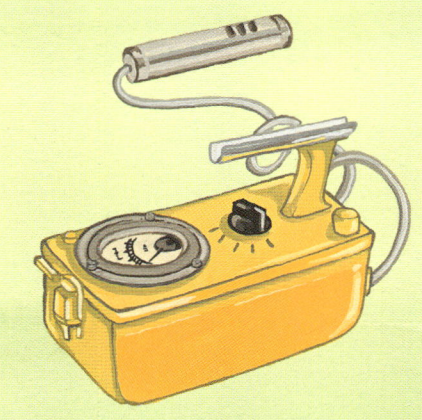

손으로 들고 다닐 수 있는 가이거 계수기는 방사성 입자의 수를 셈으로써 이온화 방사선을 탐지하고 측정하는 장비이다.

'원자호'라는 불길한 별명이 붙은 샤간호의 시커먼 물에는 음산한 과거가 숨어 있어. 왜냐고? 이곳은 핵폭발로 만들어진 호수이기 때문이야. 샤간호는 카자흐스탄의 "지구에서 핵폭발이 가장 많이 일어난 장소"로 알려진 지역에 있어. 샤간호는 악명 높은 샤간 핵 실험의 결과로 생겨났는데, 그것은 1949년부터 1989년까지 소련이 실시한 456차례의 핵 실험 중 하나에 불과해. 소련의 모든 핵실험은 '폴리곤'이라는 별명으로 불린 카자흐스탄의 세미팔라틴스크* 핵 실험장에서 일어났어. 이 핵 실험장의 면적은 약 1만 1265제곱킬로미터에 이르렀는데, 1991년에 소련이 붕괴하자 이 장소는 방치되고 말았어. 남은 것은 지금도 이 지역의 골

* 이 도시의 이름은 2007년에 '세메이'로 바뀌었다.

평화적 목적을 위한 핵폭발

미국도 냉전 기간인 1957년부터 1973년까지 보습 계획이라는 핵무기 실험 계획을 실시했다. 이 핵 실험 계획은 핵폭발을 비군사적 부문에 응용할 가능성을 탐구하기 위한 목적으로 추진되었다. 핵폭발을 사용해 저수지를 만들고, 항구를 만들기 위해 땅을 파내고, 에너지를 생산하는 가능성 등을 탐구한 것이다.

핵폭발 이후에 생겨난 방사성 호수 샤간호.

진 구름이 대기 중으로 솟아올랐고, 주변 지역에 살던 수백만 명의 사람에게 그 영향이 미쳤어. 이 폭발로 폭 396미터, 깊이 100미터의 원형 구덩이가 생겨났어. 시간이 지나자 이 구덩이에 샤간강의 물이 흘러와 고이면서 샤간호가 생겨났지. 오늘날 영구적인 흔적으로 남아 있는 이 호수는 원자력을 추구하는 인류의 욕망이 얼마나 심각한 결과를 가져오는지 보여 줘.

첫거리인 방사능 오염, 환경 파괴, 광범위한 건강 문제였지.

1949년부터 세미팔라틴스크 핵 실험장은 핵무기 기술의 발전과 개선을 도모하고, 핵무기의 성능과 안전성을 시험하며, 핵무기의 군사적 응용 능력을 평가하는 장소로 쓰였어. 그런데 1965년에 소련은 국가 경제를 위한 핵폭발 계획*을 추진하기 시작했어. 이 계획은 미국의 보습 계획(Project Plowshare)을 본뜬 것이었어.

국가 경제를 위한 핵폭발 계획의 일환으로 추진된 최초의 지하 핵폭발은 1965년 1월 15일에 샤간강 범람원에서 일어났어. 샤간 핵 실험으로 알려진 이 지하 핵 실험을 위해 깊이 178미터의 구멍을 판 뒤에 핵무기를 조심스럽게 그 속으로 집어넣었지. 그 폭발 위력은 히로시마에 투하된 원자 폭탄보다 약 10배나 더 강했어. 이 폭발로 치명적인 방사성 먼지와 부스러기로 이루어

** 이른바 핵무기를 평화적 목적으로 사용하기 위한 핵폭발 계획.

방독면을 쓴 소련군 장군.

핵무기의 무서운 살상 능력

오늘날에도 샤간호의 방사능 수치는 여전히 높은 수준이며, 당국은 사람들에게 세미팔라틴스크 핵 실험장 부근에 접근하지 말라고 권고한다. 소련 정부는 오랫동안 현지 주민에게 방사능 노출이 어떤 결과를 낳는지 숨겨 왔다. 핵 실험이 벌어진 기간과 그 이후에 기형아 출산과 암 발생 사례가 많이 보고되었는데, 이것은 핵 실험이 인간의 건강과 환경에 얼마나 심각한 영향을 미치는지 보여 준다.

해저 염수호

대륙: 북아메리카
위치: 멕시코만
최대 깊이: 3m 이상
표면적: 2.6km² 이상

대양 해저에도 호수가 있다고 하면 믿을 수 있겠어? **염수**는 주변의 바닷물보다 염분이 더 높고 밀도도 더 높은 물인데, 그래서 바닥으로 가라앉아 대양 아래에 호수를 만들지. 아주 짠 이 웅덩이는 **용존 산소**가 부족하기 때문에 해양 생물에게는 치명적이야. 그래서 해저 염수호는 '절망의 뜨거운 욕조(hot tubs of despair)'라는 별명이 붙었어. 물속에 사는 생물은 물속에 녹아 있는 산소가 없으면 질식해 죽고 말아. 해저 염수호의 아주 짠 소금물 용액에는 동물 사체가 절인 상태로 보존돼 있는 경우가 많아. 연구자들은 죽은 지 8년이 지났는데도 연한 조직이 온전한 상태로 남아 있는 게를 발견한 적도 있어.

대양 해저에 있는 염수 웅덩이에 주변의 바닷물과 확연히 구별되는 경계가 있는데, 이 경계를 염분 약층이라고 불러. 가장 작은 염수 웅덩이는 지름이 겨우 몇 미터에 불과한 반면, 큰 것은 지름이 20킬로미터에 이르기도 해.

먼 옛날에 만들어진 소금

해저 염수 웅덩이는 전 세계에서 발견되지만, 염수 웅덩이가 생기는 가장 대표적인 예를 보여 주는 장소는 멕시코만이다. 1억 년도 더 전인 중생대 쥐라기에 멕시코만은 대양과 분리된 얕은 바다였다. 이곳에는 결국 물이 모두 증발하고, 아주 두꺼운 층의 소금과 광물만 남게 되었다. 나중에 이 지역이 쪼개지면서 다시 대양과 연결되었고, 시간이 지나자 멕시코만은 다시 바닷물로 채워졌다. 바닷물에 실려 온 퇴적물이 소금층을 덮으면서 소금이 바닷물에 완전히 녹지 않고 남게 되었다. 수백만 년의 시간이 지나는 동안 위에 쌓인 퇴적물의 무게가 소금을 짓누르면서 움직이게 만들었다. 그러자 먼 옛날의 소금 퇴적층에서 그 위에 쌓인 암석의 틈새를 통해 소금이 빠져나왔고, 마침내 멕시코만 바닥에 치명적인 염수 웅덩이가 생겨났다.

지각의 틈새를 통해 새어 나오는 먼 옛날의 소금.

해저 염수호는 심지어 지상의 호수와 비슷한 모습도 보여. 예를 들면, 바람의 움직임이 호수 표면에 잔물결을 만드는 것처럼 주변 바닷물의 움직임이 염수호의 표면 위에 잔물결을 일으킬 수 있어. 염수는 밀도가 아주 높아 물고기와 해양 동물이 그 표면 위에 둥둥 뜰 수도 있지. 사해에서 사람이 물 위에 둥둥 뜨는 것처럼 말이야. 해양 생물이 염수호 속으로 가라앉으면 죽음이 다가오게 돼.

지각의 틈새를 통해 새어 나오는 것은 소금뿐만이 아니야. 황화수소와 메탄처럼 위험한 화학 물질이 독성 혼합물을 이루는데, 이 때문에 운 나쁘게 염수호 속으로 빠진 생물은 피클처럼 절여지고 말아. 하지만 이런 환경에서도 잘 살아가는 동물이 하나 있어. 바로 홍합이야. 염수 웅덩이 경계선에는 메탄을 좋아하는 홍합이 많이 살고 있어. 홍합이 메탄을 섭취할 수 있는 것은 몸속에 메탄을 소화 가능한 탄소 화합물로 바꾸어 주는 세균이 살고 있기 때문이야. 그래서 홍합은 유독한 이 염수호 가장자리에서 충분한 영양분을 공급받으면서 잘 살아갈 수 있어.

게와 물고기, 조개처럼 물속에서 살아가는 동물이 숨을 쉴 수 있는 것은 아가미를 통해 용존 산소를 추출할 수 있기 때문이야. 물속에 용존 산소가 거의 또는 전혀 없는 물이 있는 지역을 **무산소 수역** 또는 데드 존(dead zone)이라고 해. 이 현상은 대양과 바다, 만, 호수에서 일어날 수 있어. 이러한 무산소 조건이 갑자기 발생하면 해양 생물은 끔찍한 결과를 맞이할 수 있어. 산소에 의존해 살아가는 해양 생물이 떼죽음을 당하게 되지. 그 결과로 해저의 데드 존에 해양 생물의 사체들만 여기저기 널려 있는 생물학적 사막이 생겨나. 데드 존 생성을 부추기는 오염에는 여러 가지가 있는데, 농사 활동에서 배출된 오염된 물, 도시와 교외 지역의 생활 오수, 하수 처리장에서 나오는 폐수, 대기 오염 등이 있어. 이러한 독성 물질이 물속으로 흘러들면, 질소와 인(비료의 주성분) 같은 영양물질이 다량 유입되면서 조류와 그 밖의 식물이 급속도로 번식하게 되지.

처음에 아주 빨리 번식하는 대증식 시기에 조류는 산소를 만들어 내. 그 결과로 용존 산소량이 크게 증가하지. 하지만 영양물질이 부족해지면, 조류는 죽어 가게 돼. 조류가 죽어 분해되기 시작하면, 세균이 죽은 조류를 먹어치우지만 그 과정에서 물속의 산소가 고갈되는 거야. 그래서 결국 물속 환경이 저산소 또는 무산소 상태로 변하게 돼.

70

데드 존을 막기 위한 노력

데드 존은 1960년대 이후부터 이전보다 훨씬 자주 생기는데, 1970년대 이후부터는 10년이 지날 때마다 그 빈도가 약 두 배씩 증가하고 있다. 현재 전 세계에는 데드 존이 400군데 이상 있는 것으로 추정되며, 가장 큰 곳은 아라비아해에 있다. 오만만 전체를 뒤덮고 있는 이 데드 존의 면적은 약 18만 1000km^2에 이른다. 데드 존의 원인과 결과를 제대로 알아야 오염을 줄이고 수역의 건강을 보존하기 위한 노력을 기울일 수 있다.

나트론호

대륙: 아프리카
위치: 탄자니아
최대 깊이: 3m 이상
표면적: 646km²

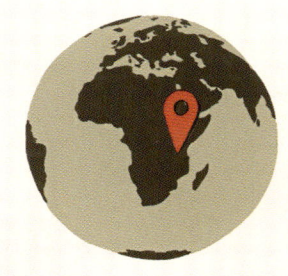
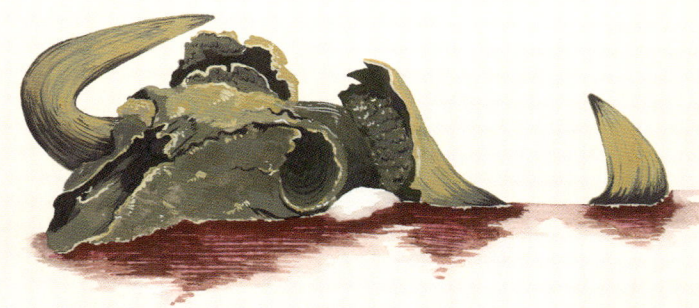

탄자니아 남서부에 있는 나트론호는 이 세상의 풍경처럼 보이지 않는 붉은 호수로, 운 나쁘게 이 호수에 빠진 동물을 모두 미라로 만들어 버리고 말아. 나트론호는 판의 활동으로 아프리카 대륙이 쪼개지면서 화산 활동이 활발한 동아프리카 열곡대에 있어. 나트론호의 화학적 조성은 아주 무시무시해. 지구상의 대다수 호수와 달리 나트론호의 물은 펄펄 끓을 듯이 아주 뜨겁고 유독하며 엄청나게 짜. 이 호수의 이름은 나트론(natron)이라는 화학 물질에서 딴 것인데, 나트론은 탄산나트륨과 탄산수소나트륨이 주성분인 광물 염이야. 이 독특한 혼합물은 근처에 있는 화산인 올도이뇨 렝가이산*이 준 선물이지. 나트론호는 물이 빠져나갈 곳이 없어서 염분이 아주 높아. 이 호수로 흘러드는 강은 있어도, 물이 빠져나가는 강은 없어.

* 마사이족이 사용하는 마사이어로 '신의 산'이란 뜻이다.

나트론호에 빠진 뒤에 미라로 변해 보존된 박쥐.

산성과 염기성

pH(수소 이온 농도 지수)는 어떤 물질의 산성도 또는 염기성도를 나타내는 지표로, 0부터 14까지의 값이 있다. pH가 7인 물질은 중성이다. pH가 7보다 낮으면 산성이고, 7보다 높으면 염기성이다. 나트론호의 짠물은 pH가 10.5이므로 염기성이다. 이것은 그 물이 산성의 정반대되는 성질을 지녔다는 뜻이다. 비교를 위해 말하자면, 식수는 pH가 6.5~8.5이고, 식초는 2~3이다.

태양이 뜨겁게 내리쬘 때에는 물이 아주 빨리 증발하기 때문에, 건기에는 호수로 흘러드는 강물이 말라가는 호수의 물을 충분히 보충할 수가 없어. 물이 증발하고 나면 소금과 그 밖의 염 물질이 남는데, 시간이 지나면서 이것이 점점 쌓여 물은 염기성이 강한 짠물로 변하지.

이 혼합물은 이 환경에 적응하지 못한 동물(여러분도 포함해!)의 눈과 피부를 태울 수 있어. 이 호수에 빠진 동물은 금방 죽은 뒤, 열대 아프리카의 뜨거운 태양 아래에서 돌처럼 굳고 말라붙어 바삭바삭해져. 시간이 지나면 분해되어 천천히 먼지로 변하는 대신 물의 화학적 성분 때문에 사체가 온전하게 보존돼. 깃털과 발톱, 털가죽, 이빨은 이집트 미라가 수천 년 동안 보존된 것과 똑같은 방식으로 남게 되지.

고대 이집트에서 나트론은 미라를 만들 때 중요한 성분으로 쓰였어. 이집트인은 나일강 부근의 말라붙은 호수 바닥에서 나트론을 채취했어. 나트론은 뜨거운 사막의 호수 바닥에 가루 같은 물질로 남아 있었지. 혹은 염습지에 자라는 식물을 채취해 태운 뒤에 남은

이집트의 카노푸스 단지.

재에서 나트론을 얻었어. 고대 이집트인은 미라를 만들 때 장기를 모두 제거하고, 시체를 나트론으로 처리한 뒤, 아마포로 둘둘 말아 카노푸스 단지에 넣어 보관했어. 나트론으로 시체를 덮어 40일 동안 놓아두었는데, 그러면 시체에서 습기가 싹 빠졌지. 이렇게 말라붙은 시체를 송진 같은 수지나 밀랍, 역청으로 뒤덮어 습기가 더 침투하지 못하게 했어. 미라를 만드는 과정은 믿기 어려울 정도로 정교했고, 이집트 사회의 권력자나 부자 그리고 그들의 반려동물만 미라가 될 수 있었어.

고양이 미라. 아마도 이집트 상류층이 기르던 반려동물이었을 것이다.

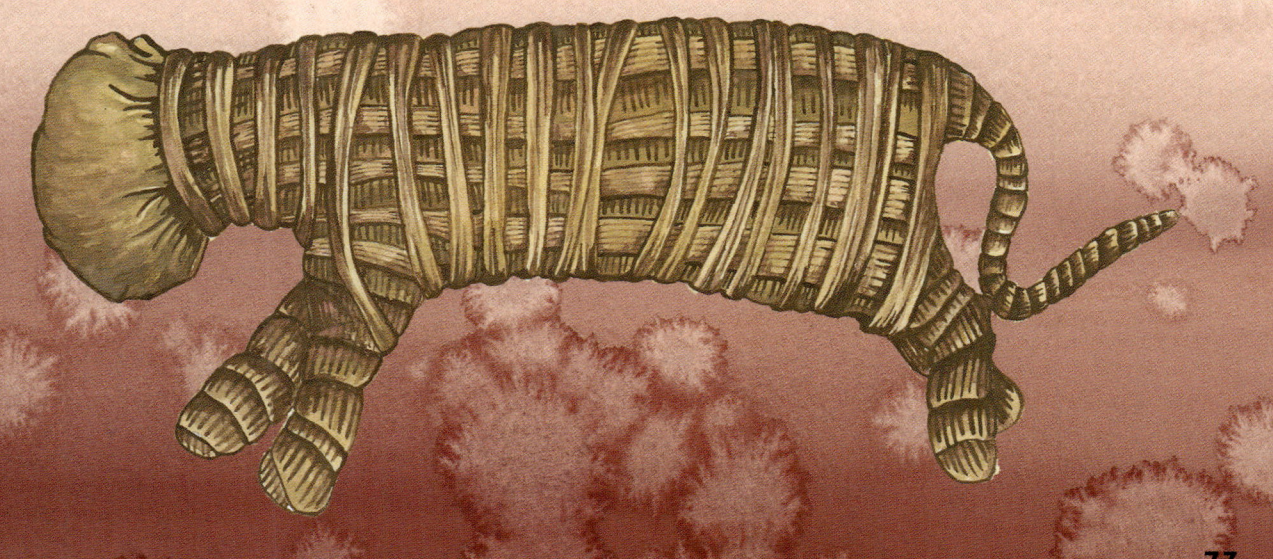

그런데 이집트인은 나트론을 왜 사용했을까? 나트론은 물을 흡수하는 성질이 있어 건조제 역할을 해. 그래서 수분이 많은 지방 세포를 제거함으로써 몸에서 지방을 줄이고, 세균이 살기 힘든 환경을 만듦으로써 부패를 막아. 미라가 잘 보존된 건 이 때문이야. 그 덕분에 5000년이 지난 뒤에도 미라는 온전한 상태를 유지할 수 있어.

나트론호 옆에 있는 올도이뇨 렝가이산에서는 특이하게도 흰색 용암이 흘러나오는데, 나트론호의 기묘한 화학적 조성은 바로 이 용암에서 비롯됐어. 흰색 용암의 주성분은 카보나타이트(carbonatite)라는 광물이야. 여기에는 칼슘과 나트륨 같은 알칼리 금속이 많이 들어 있어. 이 특이한 나트로카보나타이트 용암이 나트론호의 물을 치명적인 알칼리성 짠물로 변화시켰어. 이 화산은 또한 호수의 수온을 40도(뜨거운 욕조의 온도)~60도(그 속에 5분 동안 있으면 3도 화상을 입을 정도로 뜨거운 온도)로 가열시켜. 이렇게 혹독한 환경에서는 대다수 생물이 살 수가 없겠지? 그런데 예외적인 동물이 하나 있어. 바로 꼬마홍학이야.

전 세계에는 많은 종류의 홍학이 살고 있어. 어른 꼬마홍학은 몸은 선홍색이고, 빨간색 눈과 어두운 자주색 부리를 갖고 있지. 꼬마홍학은 모든 홍학 중에서 몸집이 가장 작고, 대부분 사하라 이남 아프리카와 인도에서 발견돼. 그런데 전체 꼬마홍학 중 75퍼센트 이상이 나트론호에서 살고 있어. 꼬마홍학은 유독한 물에서도 잘 살아가는 유일한 동물 종인데, 신체가 그런 환경에 잘 적응했기 때문이야. 다리가 단단한 피부와 비늘로 덮여 있어서 물속에 들어가도 화상을 입지 않아. 그리고 뜨거운 물도 잘 마실 수 있어. 심지어 코도 물에 섞인 소금을 걸러 내는 능력이 있어.

염수호의 물은 바닷물보다도 짠데, 증발이 훨씬 많이 일어나기 때문이야. 이 혹독한 환경에서 살아갈 수 있는 미생물은 얼마 없어. 하지만 이곳에는 두날리엘라 살리나(Dunaliella salina)라는 특별한 조류가 살고 있지. 이 조류는 충분한 열과 햇빛과 소금이 있으면 분홍색으로 변해. 두날리엘라 살리나는 빨간색 카로티노이드 색소인 베타카로틴을 몸에 축적하는데, 베타카로틴은 고추에 빨간색을 내는 바로 그 성분이야. 가끔 분홍

올도이뇨 렝가이산.

색 염수호에는 짠물을 좋아하는 새우가 사는데, 새우는 이 분홍색 조류를 먹어. 우연치 않게도 꼬마홍학은 이 조류와 새우를 다 좋아해. 그래서 꼬마홍학도 몸 색깔이 분홍색으로 변하는 거야. 여러분도 분홍색 피부를 원하면 분홍색 새우를 열심히 먹어 봐!

소금 덩어리가 초래하는 죽음

새끼 꼬마홍학은 처음에는 몸 색깔이 회색인데, 아직 분홍색 먹이를 먹기 전이기 때문이다. 그런데 나트론호의 혹독한 환경 때문에 어린 꼬마홍학은 가혹한 운명을 맞이하기도 한다. 얕은 물을 걸어다닐 때 가죽처럼 단단한 피부가 뜨거운 알칼리성 물의 위험을 막아 주긴 하지만, 가느다란 다리에 소금이 더덕더덕 들러붙어 계속 커질 수 있다. 그러면 일부 새끼 꼬마홍학은 움직임이 둔해져서 비극적인 최후를 맞이하게 된다.

짠물에서 잘 살아가는 새우인 아르테미아.

크레이터호

대륙: 북아메리카
위치: 미국
최대 깊이: 592m
표면적: 53km²

예전에 사람이 호수의 노인 위에 올라서서 찍은 사진들이 있다. 지금은 이런 행동이 허용되지 않는다.

오리건주의 크레이터호는 최대 깊이가 592미터로 미국에서 가장 깊은 호수일 뿐만 아니라, 전 세계에서도 가장 깊은 호수 중 하나야. 크레이터호는 수정처럼 맑은 파란색 물과 가파른 절벽, 독특한 지질학적 역사, 풀리지 않은 수수께끼로도 유명하지. 이 호수는 7700여 년 전에 높이 솟은 마자마산이 분화하면서 붕괴해 생긴 거대한 칼데라에 빗물과 눈 녹은 물이 채워진 거야. 호수 주위에는 화산암 바위기둥과 위저드 아일랜드라 불리는 호수의 **분석구**를 포함해 그때의 분화를 알려 주는 증거가 많이 남아 있어. 분화 장면은 그 당시에 주변 지역에 살았던 원주민이 목격했을 가능성이 높은데, 구전으로 내려오는 이야기와 지질학 기록에서 그 증거를 찾을 수 있어.

크레이터호를 방문한 사람들은 오래전부터 멀리서 괴기스럽게 떠다니는 불가사의한 물체를 보았다고 보고했어. 그 정체는 하얗게 표백된 채 똑바로 선 나무 그루터기로 밝혀졌는데, 그 후로 '호수의 노인'이란 별명이 붙었지. 이 호수에 떠다니는 미국솔송나무 그루터기에 대한 이야기가 최초로 기록된 것은 100년도 더 전인 1896년이야. 물 위로 높이 약 1.2미터의 그루터기가 까닥거리며 떠다니고, 물속에 잠긴 부분도 약 9미터에 이르는데, 크레이터호의 맑은 물 덕분에 잘 보여. 스릴을 즐기는 사람들은 그 그루터기가 위에 사람을 태우고도 충분히 떠다닐 수 있다는 것을 증명했지. **탄소 연대 측정**을 통해 이 그루터기의 나이는 450년이 넘는 것으로 밝혀졌어. 하지만 이 그루터기가 가라앉지 않고 유령처럼 계속 떠다니는 것은 여전히 전문가들에게 수수께끼로 남아 있었어. 20세기 초에 과학자들은 이 그루터기의 이동 경로를 추적하기로 했는데, 불과 4개월 만에 그루터기가 약 100킬로미터 이상을 이동한 것으로 드러났어. 이 그루터기가 물에 흠뻑 젖어 가라앉는 대신에 계속 떠다니는 이유는 과연 무엇일까? 한 가지 가설은 이 그루터기가 호수에 처음 빠졌을 때 뿌리에 암석이 붙어 있었다고 설명해. 그 암석은 그루터기를 아래로 끌어당기면서 균형을 잡는 데 도움을 주었어. 그러다가 시간이 지나 암석이 떨어져 나간 뒤에도 그루터기 윗부분은 마른 채로 남아 있었고, 기묘하게 균형을 이룬 상태로 계속 떠다니게 되었다는 거야.

현지의 전설에 따르면, 이 나무 그루터기는 날씨를 바꾸는 능력이 있대. 1988년에 과학자들이 호수의 노인을 밧줄로 묶어 놓자, 호수에 폭풍이 몰아쳤어. 이 격렬한 폭풍은 호수의 노인을 다시 풀어 주어 자유롭게 떠다니도록 한 뒤에야 멈췄어. 어쨌든 크레이터호의 그루터기는 경이로운 자연 현상이어서 방문객들에게는 가장 유명한 볼거리 중 하나야.

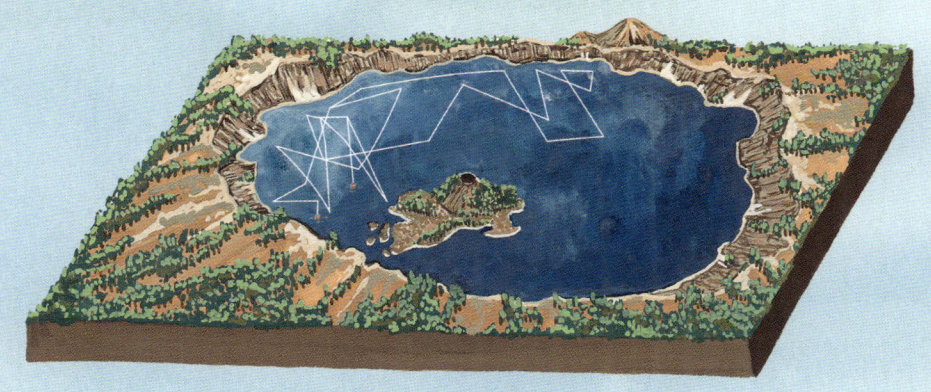

호수 위의 이 선들은 4개월 동안 호수의 노인이 이동한 경로를 보여 준다.

잘못 붙인 이름

크레이터호라는 이름은 과연 적절할까? 그보다는 칼데라호라는 이름이 더 적절해 보인다. **크레이터**(분화구)와 칼데라는 둘 다 화산 지형을 가리키는 용어이지만, 각각 가리키는 대상이 서로 다르다. 칼데라는 분화가 일어난 뒤 화산이 붕괴하면서 생긴, 대규모의 우묵한 지형을 말한다. 붕괴는 화산 아래에 있는 마그마방에서 마그마가 많이 빠져나가는 바람에 일어날 수도 있고, 마그마 자체의 분화를 통해 일어날 수도 있다. 그 결과로 아주 큰 원형 함몰 지형이 생기는데, 때로는 그 지름이 수 킬로미터에 이르기도 한다. 오리건주의 크레이터호는 엄밀하게는 크레이터가 아니라 칼데라이다. 마자마산이 대규모 분화가 일어난 뒤에 붕괴하면서 생겼기 때문이다. 반면에 크레이터는 화산 분화 때문에 화산 정상이나 측면에 생기는 원형 함몰부로, 대개 칼데라보다 크기가 작다.

과타비타호

대륙: 남아메리카
위치: 콜롬비아
최대 깊이: 125m
표면적: 2.6km² 이상

무이스카족의 의식 때 신에게 흔히 바친 봉헌물은 작은 황금 조각상인 툰호(금속으로 만든 인형)였다.

거리와 건물이 금으로 덮여 있고, 지배자들도 온몸을 금으로 치장한 황금 도시가 남아메리카 어딘가에 있다는 엘도라도 전설이 전해지지. 이 이야기에 혹한 에스파냐인과 포르투갈인 정복자들은 어딘가에 숨어 있을지도 모르는 이 황금 도시를 찾으려고 애썼어. 그들은 16세기에 중앙아메리카와 남아메리카를 정복해 식민지로 만들기 시작했어. 많은 탐험대가 미로 같은 열대 우림을 헤치며 황금 도시를 찾아 나섰지만, 엘도라도는 발견되지 않았고 탐험에 나선 사람들은 낙담에 빠졌지. 결국 진짜 엘도라도 이야기는 수백 년 동안 미스터리로 남았지만, 전설 자체는 콜롬비아의 과타비타호 바닥에 관한 이야기에서 비롯되었어.

엘도라도 전설이 막 유럽인 사이에 전해지기 시작했을 때, 그 전설은 안데스산맥에 살던 한 부족의 황금 추장에 관한 이야기를 들려주었어. 그 이야기는 과타비타호 기슭에서 벌어지던 무이스카족의 의식에 뿌리를 두고 있는데, 이 의식은 부족의 추장이 죽은 뒤에 일어났지. 새 추장은 의식을 벌이면서 온몸에 금가루를 바른 채 배를 타고 호수를 가로질러 갔어. 그리고 호수 가운데에서 신에게 황금을 제물로 바친 뒤에 물속으로 뛰어들어 몸에 붙은 금가루를 씻어 냈다고 해. 이 이야기를 들은 에스파냐인은 그 추장을 '황금으로 된 사람'이란 뜻으로 엘도라도(El Dorado)라고 부르기 시작했어. 시간이 지나면서 그 의식에 관한 이야기가 점점 부풀려져 오늘날 우리가 알고 있는 전설이 되었고, 과타비타호 바닥에 가라앉은 금 이야기가 황금 도시에 관한 이야기로 변한 거야.

황금으로 뒤덮인 추장을 상상해 그린 것. 뱀 형태의 황금 툰호를 들고 있다.

많은 희생자를 낸 엘도라도 탐험

황금 도시를 찾아 나섰다가 불운을 맞이한 탐험대 중 하나는 1537년에 히메네스 데 케사다(Jiménez de Quesada)가 이끈 에스파냐인 정복자들이었다. 엘도라도를 찾고 말겠다는 집념에 사로잡힌 그들은 위험한 아마존 열대 우림 깊숙한 곳까지 들어갔다. 곳곳에 습지가 널린 그곳에는 위험한 동물과 질병이 들끓었다. 굶주림에 시달린 그들은 뱀과 도마뱀, 개구리를 잡아먹었고, 심지어 마구와 칼집의 가죽까지 먹는 지경에 이르렀다. 이 탐험에 나선 수백 명 중 살아서 돌아온 사람은 극소수였다. 30여 년 뒤, 케사다는 또다시 엘도라도를 찾는 모험에 나섰지만 마찬가지로 비극적인 결과를 맞이했다.

　많은 탐험대가 황금 도시를 찾아 열대 우림을 헤매고 있을 때, 그 호수의 진짜 이야기를 발견한 소수의 탐험대원은 호수 바닥에 가라앉은 보물을 찾으려고 시도했지. 하지만 호수의 지질학적 특징 때문에 그 시도는 허사로 돌아갔어. 싱크홀에 만들어진 과타비타호는 깊이가 120미터가 넘었고, 사방이 높은 산으로 둘러싸여 있었기 때문이야. 1545년에는 컨베이어 벨트처럼 작동하는 버킷 체인을 사용해 호수의 물을 퍼내려는 시도가 있었어. 한 번에 버킷 하나 분량의 물을 퍼내면서 노동자들은 호수의 수위를 겨우 3미터 낮추는 데 그쳤어. 그렇게 해서 드러난 진흙에서 발견된 보물은 극히 미미했을 거야.

　35년 뒤, 안토니오 데 세풀베다라는 사업가가 호수를 둘러싼 가장자리를 깎아 내면서 더 광범위한 작업을 벌였어. 이 방법은 앞선 시도보다 호수의 물을 훨씬 더 많이 빼낼 수 있었지. 호수의 수위는 20미터 이상 내려갔지만, 수로가 붕괴하면서 많은 노동자가 죽었어. 이 방법은 역사 속에서 반복되었지만, 더 많은 사상자만 냈을 뿐 금을 얻는 데에는 별 소득이 없었지.

　안토니오 데 세풀베다의 시도 후 약 300년이 지난

엘도라도의 황금 뗏목은 무이스카 문명의 금 세공품 중 가장 유명한 것이다.
황금 추장을 묘사한 이 봉헌물은 콜롬비아 보고타에 있는 황금 박물관에 전시돼 있다.

1899년, 영국의 한 도급 업체는 현대식 증기 펌프를 사용해 호수의 물을 완전히 빼내는 데 성공했어. 하지만 물이 다 빠지고 남은 진흙탕 웅덩이에서는 사실상 무엇을 찾는다는 것이 불가능했어. 뜨겁게 내리쬐는 적도의 햇볕 아래에서 진흙이 단단하게 굳어 버려 그것을 뚫고 들어가기가 어려웠고, 찾으려던 보물은 그 밑으로 모습을 감추고 말았지. 회수된 소량의 금은 투입된 비용을 충당하기에도 모자랐지.

그 후에도 금을 찾으려는 시도가 여러 차례 있었지만 모두 실패로 돌아갔어. 그러다가 1965년에 콜롬비아 정부는 과타비타호를 보호 구역으로 지정했고, 천연 샘물이 호수를 다시 채웠지.

수백 년 동안 전설로 내려온 도시 엘도라도는 상상의 산물에 불과한 것으로 드러났지만, 수많은 탐험가가 그것을 찾으려고 나섰다가 비극적인 최후를 맞이했어. 무이스카족의 의식 때 가라앉은 금은 그것을 찾으려고 나섰던 사람들의 피와 함께 과타비타호 바닥에 영원히 묻혀 있어.

더 샤프트

대륙: 오스트레일리아
위치: 마운트갬비어 부근
최대 깊이: 알려지지 않음
표면적: 2.6km² 이상

오스트레일리아 멜버른 서쪽에는 소를 방목하는 들판 한가운데에 구멍이 하나 뚫려 있어. 거길 지나가다가 우연히 그 속으로 빠지지 않는 한 쉽게 눈에 띄지 않는 구멍이야. 풀밭 사이에 있는 이 구멍의 입구는 폭이 겨우 1미터 정도에 불과하고, 모양은 완전한 원에 가까워. 마운트갬비어 부근에 있는 이 구멍은 1938년에 한 농부가 우연히 발견했어. 그런데 그는 지표면의 이 평범한 구멍이 물이 채워진 거대한 지하 동굴로 연결돼 있다는 사실을 알고서 화들짝 놀랐지. 바닥이 없는 구덩이로도 불리는 이 지하 호수는 입구에서 불과 6미터 아래에 있어. 수면의 면적은 테니스 코트 정도로 작지만, 수면 아래에는 광대한 공간이 펼쳐져 있지. 거의 탐사가 되지 않은 그 터널들과 동굴들은 땅속으로 구불구불 뻗어 있는데, 농부가 발견한 이 지하 호수는 지금도 동굴 잠수부들에게 큰 매력의 대상이야.

이 동굴에는 '빛줄기'란 뜻으로 '더 샤프트(the Shaft)'라는 별명이 붙었어. 여름날에 구멍을 통해 쏟아져 들어오는 빛줄기가 동굴 속 깊은 곳을 환히 밝히는 데에서 그런 이름이 붙은 거야. 입구가 너무 작아, 동굴 잠수부는 도르래를 사용해 자신과 장비를 간신히 내려보낼 수 있어. 드러난 동굴은 깊이가 36미터이지만, 깊이가 83미터 이상까지 뻗어 있는 통로들이 아직 제대로 탐사되지 않은 채 남아 있어. 이 동굴에서 가장 넓은 방의 바닥에는 안전한 오락 잠수의 경계로 간주되는 돌무더기가 있어. 눈길을 끄는 이 돌무더기는 농부가 이 싱크홀을 메우려고(아무 효과도 없었지만) 던져 넣었던 돌들이 쌓인 거야. 오늘날 잠수부들은 대개 이곳에 이르면 더 이상 나아가지 않고 잠수를 끝내.

그런데 1973년 5월에 이 암묵적인 경고를 무시하는 일이 일어났어. 잠수부 8명이 흥미진진한 모험을 즐기려고 작은 입구로 들어간 거야. 잠수부들은 해양 탐사에는 경험이 많았지만, 동굴 잠수는 전혀 한 적이 없었고, 계획과 준비도 미흡했어. 잠수에 나서기 전에 그들은 돌무더기 경계를 넘어갈 계획은 전혀 없었어. 그 너머는 자연광이 비치는 범위에서 벗어나 미지의 터널이 캄캄한 어둠 속으로 뻗어 있는 영역이거든. 하지만 쥐 죽은 듯이 고요한 물속에서 네 사람이 그 너머의 더 깊은 곳으로 모험을 떠나기로 결정했어. 그리고 어떻게 되었을까? 아무도 살아서 돌아오지 못했어. 남은 네 잠수부는 질소 마취를 겪으면서 방향 감각을 잃고 혼동을 느낀 나머지 수면 위로 되돌아갔어. 그들은 동료들이 돌아오길 기다렸지만 돌아오지 않자, 다시 잠수를 해 찾으려고 했어. 하지만 사라진 동료들의 산소 탱크가 바닥날 만큼 시간이 지나도 그들의 모습은 보이지 않았어. 그들의 시신은 거의 1년이 지난 뒤에야 전문 잠수부들이 발견해 꺼내 올 수 있었어. 더 샤프트 동굴 잠수 사고는 미지의 장소로 모험을 떠나는 잠수가 얼마나 위험한지 경고하는 오싹한 교훈으로 남았지. 그와 동시에 철저한 계획과 훈련의 중요성과 함께 자연계의 위험을 존중해야 한다는 것도 알려 주었어.

대략적인 구조를 보여 주기 위해 그린 더 샤프트 동굴의 모습(정확한 크기 비율대로 그린 것은 아님).

바이칼호

대륙: 아시아
위치: 러시아
최대 깊이: 1642m
표면적: 3만 1722km²

산들로 둘러싸인 바이칼호.

약 2500만 년 전에 아시아에서 판들이 서로 멀어져 가면서 만들어진 열곡에 물이 차 호수가 생겨났어. 바이칼호라고 부르는 이 호수는 세상에서 가장 깊고 가장 오래된 담수호야. 수면에서 가장 깊은 곳까지의 깊이는 1642미터나 돼! 이렇게 깊은 곳까지 가려면 잠수함을 타고 가야 해. 바이칼호는 시베리아 중심부에서 아주 멀리 떨어진 외딴곳에 있고, 전 세계의 얼지 않은 민물 중 22퍼센트가 이곳에 모여 있어. 이것은 북아메리카에 있는 오대호의 물을 모두 합친 것보다 더 많은 양이야!

수십 년 동안 바이칼호 바닥은 수수께끼로 남아 있었어. 보통 호수는 강과 개울에 실려 온 퇴적물이 바닥에 쌓여 시간이 지날수록 바닥이 점점 높아져. 그래서 대다수 호수는 결국은 사라지고 말아. 바이칼호는 생긴 지 2500만 년이 지났으니 그동안 엄청난 양의 퇴적물이 쌓였을 테지만, 호수 바닥은 칼처럼 지각을 가르며 아래로 죽 뻗어 있어. 바이칼호는 시베리아판과 몽골판 사이의 바이칼 지구대라는 함몰 지형에 자리 잡고 있어. 시간이 지나면서 두 판은 서로 멀어져 가면서 호수가 깊어지고 퇴적물이 아래로 가라앉았지. 판의 활동으로 일어나는 이 과정을 **열개** 현상이라고 불러.

바이칼호 바닥에는 깊은 바닷속의 **열수 분출공**을 닮은 굴뚝 같은 기둥들이 여기저기 널려 있어. 호수 바닥에 난 균열을 통해 차가운 호수 물이 지각 속으로 스며드는데, 마그마에 가까이 다가가면 그 열에 데워지지. 이렇게 가열된 물이 광물을 듬뿍 머금은 채 다시 위로 올라오면서 독특한 조성을 가진 민물이 돼. 시간이 지나면서 이 광물들이 바닥에 쌓이면서 분출공 주변에 기둥 같은 구조를 만들게 되지. 게다가 대다수 호수는 그다지 깊지 않기 때문에 바이칼호는 유례를 찾기 힘든 담수호야. 열수 분출공에서 나오는 열기와 광물 덕분에 이곳에는 독특한 생물들이 살아가고 있어. 일부 생물은 햇빛이 전혀 비치지 않는 열수 분출공 주변에서 영양분을 얻으며 살아가.

러시아의 갈라파고스 제도

바이칼호에는 기묘한 생물들이 살고 있다. 바이칼호에 사는 생물 종 중 약 80%는 지구상의 다른 곳에서는 볼 수 없는 **고유종**이다. 한 예를 들면, 현지인이 별미로 치는 물고기인 오물이 있다. 또 하나의 고유종 물고기인 골로먕카(바이칼기름치라고도 부른다)는 햇빛에 노출되면 녹아서 지방질 기름과 뼈만 남는다는 소문이 있다. 또 하나의 기묘한 동물로는 무척추동물인 바이칼옆새우가 있는데, 가시가 많은 새우처럼 생겼다. 바이칼호는 에콰도르에 있는 갈라파고스 제도에 자주 비교된다. 둘 다 고유종이 많이 존재하는 독특한 환경이기 때문이다.

바이칼호에서 가장 유명한 고유종은 사랑스러운 바이칼물범이야. 전 세계의 물범 중에서 오로지 민물에서만 살아가도록 진화한 종은 바이칼물범뿐이지. 민물에 사는 다른 물범 종들은 바다에 사는 물범 종들과 긴밀한 관계가 있는데, 비교적 최근(지질 시대로 따진다면)인 마지막 빙하기 때 바다에 사는 조상들과 따로 분리되었기 때문이지. 핀란드의 사이마호에 사는 사이마고리무늬물범이 그 예야. 이와는 달리 바이칼물범은 수백만 년 전부터 호수 환경에 적응하면서 진화했어. 한 가지 수수께끼는 바이칼물범이 애초에 바다에서 수백 킬로미터나 떨어진 시베리아 한복판에 있는 이 호수로 어떻게 왔느냐 하는 거야. 동물학자들은 수천만 년 전에 바이칼호가 북극해와 연결돼 있었을지 모른다는 가설을 세웠지만, 이것은 아직까지 증명되지 않았어.

바이칼호는 겨울철에 두꺼운 얼음으로 뒤덮이는 것으로 유명해. 얼음이 얼마나 두껍게 어는지 20세기 초의 혹독한 겨울철에 러시아군이 호수를 가로지르는 철도를 건설했을 정도야. 바이칼호에서 서로 마주 보는 연안을 연결하기 위해 환바이칼 철도가 1896년부터 건설되기 시작했지. 계획된 노선은 연안을 따라 죽 나아가는 것이었지만, 바이칼산맥의 험준한 지형 때문에 공학적으로 큰 어려움이 따랐어. 환바이칼 철도는 러시아 서부와 시베리아 동해안을 연결하려는 훨씬 큰 규모의 시베리아 횡단 철도의 일부였지.

바이칼호에서 가장 깊은 지점

오물

바이칼물범

바이칼옆새우

바이칼해면

골로먕카

바이칼둑중개

바이칼플라나리아

이 그림은 러일 전쟁과 동일 전쟁 기간에 일본의 우타가와 고쿠니마사(歌川小国政)가 제작한 선전 포스터에 영감을 받아 그린 것이다.

1904년에 러시아와 일본 사이에 갈등이 고조되자, 철도를 통해 극동 지역으로 전쟁 물자를 빠르게 수송하는 것이 시급해졌는데, 환바이칼 철도는 아직도 완공되지 않은 상태였어. 그래서 1905년 겨울 동안 얼어붙은 바이칼호 표면 위로 64킬로미터 구간의 임시 철도를 급하게 건설했어. 그리고 보급품과 군대, 장비가 가득 실린 철도 차량을 말에게 끌게 했지. 이 얼음 다리는 전쟁 동안 호수 양쪽의 러시아군을 서로 연결시키는 데 큰 역할을 했어.

하지만 얼어붙은 호수 위에 건설한 철도는 완전히 안전한 것이 아니었어. 바이칼호의 변덕스러운 날씨와 예측하기 힘든 얼음의 상태 때문에 철도는 늘 위태위태했어. 큰 균열이 생기면 갑자기 철도 밑의 얼음이 쪼개지면서 순식간에 철도가 붕괴되고 말았지. 겨울 동안 전쟁 물자를 실은 많은 열차가 불안정한 얼음 때문에 차가운 물속으로 사라졌어. 그와 함께 얼마나 많은 군인과 노동자가 함께 호수 바닥으로 가라앉았는지는 정확히 알 수 없어.

특별히 주목할 만한 사고는 철도를 따라 얼음 위에 무려 26킬로미터에 이르는 균열이 생기면서 일어났는데, 그 때문에 27톤짜리 기관차 일부가 물속에 잠기고 말았지. 얼음 위의 철도는 바이칼호의 얼어붙은 표면을 정복하려고 나섰던 사람들이 맞닥뜨렸던 위험을 알려 주는 많은 이야기 중 하나일 뿐이야.

나가는 글

인류는 미지의 장소나 대상에 대해 공통적인 두려움을 갖고 있다. 호수 바닥과 지표면 아래에 숨어 있는 것도 그중 하나이다. 육수학의 영역으로 더 깊이 들어가면 이 수역들이 단지 하늘을 반사하는 고요한 웅덩이에 불과한 게 아니라, 독특한 화학적 조성에서부터 수면과 수면 아래에 사는 생물, 그리고 거기에 간직된 역사의 흔적에 이르기까지 다양하고 기묘한 특징을 갖고 있다는 사실을 발견하게 된다. 이 호수들은 우리가 사는 행성의 놀라운 다양성과 탄력성뿐만 아니라, 자연의 경이를 이해하려는 사람들 앞에 기다리고 있는 끝없는 발견을 상기시켜 준다.

안타깝게도 많은 호수는 현재 기후 변화의 파괴적 영향을 받고 있다. 수많은 호수가 급속도로 축소되고 있는 한편, 어떤 호수들은 자연 생태계를 해치는 오염과 데드 존 때문에 신음하고 있다. 하지만 희망을 버리지 말자. 누구나 변화를 일으킬 힘이 있다. 호수와 호수의 중요성, 호수를 보호하는 방법을 배움으로써 이 소중한 생태계를 지키는 수호자가 될 수 있다. 그러니 다음 번에 호수를 볼 기회가 오면, 그 물속에는 눈에 보이는 것보다 훨씬 많은 것이 있다는 사실을 떠올려 보라.

P.S. 이 책에는 아주 작은 유령들이 곳곳에 숨어 있다. 여러분은 몇 개나 발견했는가?

작가의 말

"음, 안녕하세요! 31일 동안 공포의 **수문학**을 탐구하는 '으스스한 호수의 달'이 돌아왔습니다!"

이것은 제가 2020년부터 매년 10월에 31일 동안 틱톡에서 진행하는 '으스스 호수(Spooky Lakes)' 시리즈의 오프닝 멘트입니다. '으스스 호수'에서 저는 호수에 관련된 영상과 주제를 소개합니다. 이 책은 으스스한 호수의 달에 제공한 틈새 주제에 놀랍도록 열렬한 반응을 보인 시청자들의 변함없는 열정 덕분에 나올 수 있었습니다. 이 '작가의 말'을 읽을 만큼 제 영상을 즐긴 그 모든 사람들에게 무한한 감사를 드립니다.

이 글을 읽어 주신 모든 사랑스러운 독자 여러분께 진심으로 감사드립니다. 여러분이 없었더라면 저는 이 일을 해낼 수 없었을 거예요. 여러분은 제게 든든한 후원자였습니다.

이 책은 제가 인터넷의 토끼 굴로 어설프게 굴러 떨어진 과정을 기록한 것입니다. 기이하고 신비스러운 호수가 그토록 많을 줄 누가 알았을까요? 이 책의 페이지들에서 여러분은 특별한 자신에 대한 정보가 조금밖에 없는 호수들을 만날 수 있습니다. 여기서 다루는 주제들 중 일부는 교과서나 연구 논문에서 찾아보기 어려운 것들입니다. 정확성을 더하기 위해, 저는 가능하면 신뢰할 수 있는 출처를 통해 입증된 사실만 소개하려고 노력했습니다. 하지만 어떤 경우에는 더 쉽게 접근할 수 있는 흥미로운 글들을 참고하기도 했어요.

일러스트레이션은 정확성과 예술적 해석 사이에서 균형을 잡으려고 노력했습니다. 하지만 모든 것을 현실 그대로 엄밀하게 재현하는 것을 목표로 삼지는 않았어요. 특히 카라차이호와 과타비타호의 경우에는 참고할 만한 이미지가 매우 적어서 이야기를 전달하는 목적을 위해 예술적 자유를 허용할 수밖에 없었죠. 예를 들면, 마야크 핵 시설을 보여 주는 이미지가 제한적이었기 때문에, 저는 다른 우라늄 처리 공장의 이미지를 바탕으로 이 장소를 묘사했습니다. 마찬가지로 무이스카족의 황금 추장 묘사는 정확한 황금 장식에 초점을 맞추었지만, 그림 자체는 역사적 자료를 바탕으로 상상력을 더해 완성했지요.

가족과 친구들(그들이 누구인지 당사자는 알겠죠?)의 지원과 도움이 없었더라면, 저는 이 일을 해낼 수 없었을 것입니다. 특히 뛰어난 지성을 지닌 나의 어머니 샌드라의 소중한 도움이 없었더라면 이 책은 결실을 맺지 못했을 거예요. 어머니의 지질학 지식 배경은 내가 과학적 개념을 이해하는 데 큰 도움을 주었습니다. 내 원고를 꼼꼼하게 검토해 준 존 리처드 세일러와 베키 네셀에게도 특별한 감사를 드립니다.

이 으스스한 호수 탐험에 동참한 독자 모두에게 감사드립니다. 이 기이한 호수들에 관한 이야기를 읽으면서 소름이 잔뜩 돋고, 우리 세계의 기묘한 것들에 대한 호기심이 불타오르길 바랍니다. 걸을 때 경계를 늦추지 말길 바랍니다. 발밑의 어두운 물속에 알려지지 않은 것들이 숨어 있으니까요!

용어 설명

간헐천: 일정한 간격을 두고 뜨거운 물이나 증기를 내뿜었다가 멎었다가 하는 온천.

고유종: 특정 지역에만 살고 있는 생물 종.

광미 연못: 채굴이나 산업 과정에서 나온 폐기물을 저장하기 위해 만든 장소.

기후: 온도와 강수량, 기타 대기 조건을 포함해 어느 지역에서 장기간에 걸쳐 나타나는 평균적인 날씨.

대기: 행성 주위를 둘러싸고 있는 기체의 층.

대륙 빙하: 대륙의 넓은 지역을 덮고 있는 빙하. 빙상이라고도 부른다.

마그마: 땅속 깊은 곳에서 액체 상태로 녹아 있는 아주 뜨거운 암석.

만: 바다가 육지로 쑥 파고들어 온 지역.

머드팟: 진흙과 물이 섞인 온천의 한 종류. 거품과 기체가 부글부글 끓어오르는 경우가 많다.

무산소 수역: 물속에 녹아 있는 산소가 부족한 환경.

반도: 삼면이 바다로 둘러싸이고, 한 면은 큰 육지에 이어진 땅.

분석구: 화산 쇄설물이 분화구 둘레에 퇴적되어 생긴 원뿔 모양의 작은 언덕.

빙하 가루: 빙하가 암석을 갈아서 생기는 미세한 알갱이 퇴적물.

빙하: 쌓인 눈이 짓눌려 변한 큰 얼음 덩어리가 산비탈이나 계곡을 따라 천천히 강처럼 흐르는 것.

산사태: 많은 비나 지진 등으로 산에서 가파른 비탈을 따라 많은 양의 암석이나 흙이 쏟아져 내려오는 현상.

생태계: 어느 장소와 거기에 사는 모든 생물, 그리고 그 환경이 어울려 하나의 계로서 상호 작용하는 전체.

성층 화산: 화산 쇄설물과 용암류가 화구를 중심으로 번갈아 쌓여서 층을 이룬 화산. 비탈진 면이 가파르고 원뿔 모양을 하고 있다.

수문학: 물의 분포와 움직임, 성질을 포함해 물에 관한 전반적인 것을 연구하는 학문.

싱크홀: 지하에 생긴 빈 공간 때문에 지표면의 물질이 붕괴해 생기는 함몰부나 구멍. 지하의 빈 공간은 물이 흐르거나 물에 암석이 녹아서 생기는 경우가 많다.

암권: 지각과 맨틀 상부를 포함한 지구의 가장 바깥층. 주로 암석으로 이루어져 있다.

연안: 육지와 면한 강, 바다, 호수 따위의 물가.

열개: 대륙이 쪼개지면서 멀어지는 과정. 그 결과로 새로운 해양 지각이 생긴다.

열수 분출공: 해저 깊은 곳에서 뜨거운 물이 솟아 나오는 곳. 뜨거운 물이 바닷물과 반응하여 검은 연기처럼 보이기 때문에 '블랙 스모커'라고도 부른다.

염수: 녹아 있는 염분의 농도가 상당히 높은 물.

용암: 화산의 분화구에서 흘러나오는 마그마. 또는 그것이 식어서 굳은 암석.

용존 산소: 물속에 녹아 있는 산소의 양. 수생 생물이 살아가는 데 아주 중요하다.

운석: 우주에서 날아온 물체가 지구 대기권을 통과하는 동안 다 타지 않고 남아서 땅에 떨어진 것.

육수학: 호수와 연못, 강을 포함해 민물을 물리적·화학적·생물학적으로 연구하는 학문.

적도: 지구의 남북 양극에서 같은 거리에 있는 지구 표면의 점들을 이은 선. 적도는 지구를 남반구와 북반구로 나눈다.

증기 분출공: 증기나 그 밖의 기체가 뿜어져 나오는 지표면의 구멍. 화산 활동의 결과로 생기는 경우가 많다.

증발: 물 같은 액체가 수증기나 기체로 변해 공기 중으로 솟아오르는 현상.

지각: 지구의 가장 바깥쪽 껍질에 해당하는 부분. 지각은 단단한 암석으로 이루어져 있고, 수십 개의 판으로 쪼개져 있다.

지열: 뜨거운 암석, 열수, 증기 등의 형태로 지구의 내부에 저장돼 있는 열.

지진파 데이터: 지진이나 기타 발생원이 만들어 내 지진계에 기록되는 에너지 파동인 지진파 연구를 통해 얻은 정보.

지질학: 암석과 광물, 화석에 대한 연구를 포함해 지구의 역사, 구조, 과정을 연구하는 학문.

지형: 고도와 경사, 기복 등을 포함한 지표면의 물리적 특징.

침식: 물이나 얼음 또는 바람의 작용으로 지표면이나 바위가 서서히 깎여 나가는 현상.

카르스트 지형: 석회암 대지에 발달한 침식 지형. 석회암의 주성분인 탄산칼슘이 물에 녹아 싱크홀, 동굴, 지하 배수로 등이 생긴다.

칼데라: 큰 화산 폭발로 분화구 주변이 붕괴하면서 생긴 우묵한 곳.

크레이터: 행성이나 위성, 그 밖의 천체에 움푹 파인 큰 구덩이 모양의 지형.

탄소 연대 측정: 유기 물질 속에 남아 있는 방사성 탄소 14의 양을 측정해 그 물질의 나이를 재는 방법.

판 구조론: 지구의 겉 부분인 지각이 여러 개의 판으로 이루어져 있고, 이들의 움직임과 상호 작용 때문에 지진과 화산, 산맥 생성 같은 여러 가지 지질 현상이 일어난다고 설명하는 학설.

풍화: 지표를 이루는 암석과 광물이 물리적·화학적·생물학적 작용으로 점차 파괴되고 부서지는 현상.

호안선: 호수의 기슭을 이루는 선.

화산 복합체: 공통의 마그마방으로 연결돼 있어 서로 밀접한 관련이 있는 화산 집단.

휴화산: 옛날에 분화한 이력이 있고 지금은 활동하지 않지만, 미래에 다시 분화할 가능성이 있는 화산.

찾아보기

가이거 계수기 66
간헐천 31-32, 90
갈라파고스 제도 85
고대 도시(물속에 잠긴) 64-65
고유종 85-86, 90
골격 36
공룡 37
과타비타호 78, 80-81
광미 연못 29, 90
그리스 신화 44
금 47, 78, 80, 81
기수호 9
기후 49, 53, 90
기후 변화 31, 88
나무 34-35, 40, 45, 59, 61-62, 76-77
나트론호 72, 74-75
남극 대륙 48-49, 51, 95
냉전 18, 66
니라공고산 용암호 24, 27
니오스호 54-57
니카라과 22
니카라과호 22-23, 40, 95
대기 20, 40, 42, 48, 55, 67, 90
대륙 빙하(빙상) 48-49, 90
댐 34, 64-65, 96
더 샤프트 82-83, 94
데드 존 70-71, 88
독성 호수 28-29
러시아 8, 18, 50-51, 84-87, 95
레트바호 9
루마니아 28-29, 94
루프쿤드호 16-17
마그마 25, 30-32, 46, 55, 77, 84, 90
마라카이보호 6, 52-53, 96

마야 문명 36-37, 95
마운트갬비어 82
만 6, 90
머드팟 31, 90, 94
메가테리움 59
멕시코 36, 94
멕시코만 37, 68
무산소 수역 70, 90
미국 6, 10-11, 18, 30, 60, 62, 66-67, 76, 95
미라 6, 15, 72-74
바이칼호 8, 84-87, 96
반도 36-37, 39, 90
방사성 18-21, 66-67, 91
번개 44, 52-53, 96
베네수엘라 6, 52-53
분석구 76, 90
불의 고리 46
빙하 6, 9, 34, 48, 90
빙하 가루 34, 90
산사태 9, 34, 55, 60, 62, 90, 95
상어 22-23, 40
새우 75, 85
생태계 23, 41-42, 59, 62-63, 88, 90
샤간호 66-67
성층 화산 24, 90
세네갈 9
세노테 36-39, 96
세인트헬렌스산 60-63, 94
소금 9, 68-69, 73-75
소련 18, 20, 50, 66-67, 95-96
소행성 37
수문학 89-90
슈피리어호 10-15
스피릿호 60-63, 95

싱크홀 9, 36-39, 80, 82, 90-91
아스팔트 6, 58-59, 95
암권 9, 90
얼음 6, 9, 12, 16-17, 24, 48-51, 62, 86-87, 90-91, 96
얼음 코어 50-51
에스토니아 42, 44
엘도라도 78-79, 81, 94, 96
열개 84, 90
열수 분출공 84, 90
염수 68-69, 74-75, 90
옐로스톤 온천 30-33, 96
오스트레일리아 6, 82
오염 19-21, 51, 62, 67, 70-71, 88
온천 30-33, 90, 96
완보동물 51
용암 6, 24-25, 27, 30, 46, 54, 74, 90
용존 산소 68, 70, 90
운석 7, 9, 37, 42-45, 90
운석 충돌구 24-27, 42-45, 90, 95
  칼리호 42-44
원자 폭탄 18-19, 67
유카탄반도 36-37, 39
육수학 6, 8, 88, 90, 94
이산화탄소 25, 54-57
인도 16-17, 74
인도네시아 46
잠수부 11, 14-15, 35, 38-39, 65, 82-83
적도 9, 53, 81, 90
젤리피시호 40-41
조류(藻類) 31, 41, 70, 74-75
중국 64-65, 96
증발 9, 29, 39, 68, 73-74, 91
지각 9, 25, 30, 42, 68-69, 84, 90-91
지열 49, 57, 91
지진 7, 9, 34, 46, 55, 60, 90-91
지진파 데이터 50, 91
지질학 47, 76, 80, 89, 91
지하 호수 49-51, 82
지형 6-9, 17, 30, 36, 39, 44, 53, 77, 84, 86, 91, 96

채굴 19, 28-29, 90, 96
치엔다오호 64-65
침몰선 10-12, 14, 39, 94
침식 34, 36, 58, 91
카라차이호 18-21, 89
카르스트 지형 36, 39, 91
카메룬 54, 57
카와이젠호 46-47
카인디호 34-35, 95
카자흐스탄 34, 66, 95
칼데라 30-31, 46-47, 76-77, 91
칼리호 42-44
캐나다 9, 10-12, 60
콩고 민주 공화국 24-25
크레이터 77, 91
크레이터호 76-77, 94, 96
탄소 연대 측정 77, 91
탄자니아 72
트리니다드 58-59
판 구조론 91
팔라우 40
풍화 58, 91
플루토늄 18, 21
pH 72
피치호 58-59, 96
해골 16-17, 94, 96
해저 염수호 68-69
핵연료와 핵무기 18-19, 66-67
호수에 관한 이런저런 사실 6-9, 90-91
호안선 62, 91
홍학 74-75
화산 6, 7-9, 23-25, 27, 30-32, 46-47, 54-57, 60-63, 72, 74, 77, 90-91
  성층 화산 24, 90
  휴화산 54-55, 91
화산 복합체 46-47, 91
환바이칼 철도 86-87
황금 78-81, 89, 94
휴화산 54-55, 91

참고 문헌

책

Bennett, Peter B., David H. Elliott, and Alf O. Brubakk. *Bennett and Elliott's Physiology and Medicine of Diving*(베넷과 엘리엇의 잠수 생리학과 의학). Edinburgh, Scotland: Saunders, 2007.

Cole, Gerald A., and Paul E. Weihe. *Textbook of Limnology*(육수학 교과서). Long Grove, IL: Waveland Press, 2016.

Egan, Dan. *The Death and Life of the Great Lakes*(오대호의 죽음과 삶). New York: W. W. Norton & Company, 2018.

Grady, Wayne, Bruce M. Litteljohn, and Emily S. Damstra. *Great Lakes: The Natural History of a Changing Region*(오대호: 변화하는 지역의 자연사). Vancouver: Greystone Books, 2011.

Harmon, Rick. *Crater Lake National Park: A History*(크레이터호 국립공원: 그 역사). Corvallis, WA: Oregon State University Press, 2002.

Lardinois, Anna. *Shipwrecks of the Great Lakes: Tragedies and Legacies from the Inland Seas*(오대호의 침몰선: 내해의 비극과 유산). Guilford, CT: Globe Pequot, 2021.

O'Sullivan, P. E., and Colin S. Reynolds. *The Lakes Handbook, Volume 2: Lake Restoration and Rehabilitation*(호수 편람, 제2권: 호수의 회복과 복원). Oxford, UK: Blackwell Science, 2005.

Plokhy, Serhii. *Atoms and Ashes: A Global History of Nuclear Disasters*(원자와 재: 핵 재난의 세계사). New York: W. W. Norton & Company, 2022, pp. 44-86.

Saylor, John Richard. *Lakes: Their Birth, Life, and Death*(호수: 탄생과 삶과 죽음). Portland, OR: Timber Press, 2022.

Swanson, F. J., and Major, J. J. *Physical Events, Environments, and Geological—Ecological Interactions at Mount St. Helens: March 1980-2004*(물리적 사건과 환경과 지질—세인트헬렌스산에서 일어난 생태학적 상호 작용: 1980년 3월~2004년). In Dale, V. H., Swanson, F. J., Crisafulli, and C. M. (eds.), *Ecological Responses to the 1980 Eruption of Mount St. Helens*.(1980년 세인트헬렌스산 분화에 대한 생태학적 반응). New York: Springer, 2005. doi.org/10.1007/0-387-28150-9_3.

Whittlesey, Lee H. *Death in Yellowstone: Accidents and Foolhardiness in the First National Park*(옐로스톤에서의 죽음: 제1호 국립공원에서 일어난 사고와 무모한 행동). Lanham, MD: Roberts Rinehart Publishers, 2014.

학술지와 잡지

Andrews, Robin George. "The Mystery of the Himalayas' Skeleton Lake Just Got Weirder(더 미궁으로 빠진 히말라야산맥 해골 호수의 미스터리)." *New York Times*, August 20, 2019.

Bichler, Gail. "The Shared Fate of Treece, Kan., and Geamăna, Romania(캔자스주 트리스와 루마니아 제아머나의 공통된 운명)." *New York Times*, May 22, 2012.

Budd, Wallace B. "The Shaft(더 샤프트)." *Australian Police Journal: Police Diving* 45(4), October/December 1991, pp. 123-37.

Burgi, P.-Y., T. H. Darrah, D. Tedesco, and W. K. Eymold. "Dynamics of the Mount Nyiragongo Lava Lake(니라공고산 용암호의 동역학)." *Journal of Geophysical Research: Solid Earth* 119, no. 5. 2014: 4106-22. doi.org/10.1002/2013jb010895.

Callaway, E. "Skeleton Plundered from Mexican Cave Was One of the Americas' Oldest(멕시코의 동굴에서 약탈한 골격이 아메리카에서 가장 오래된 골격 중 하나였다)." *Nature* 549, pp. 14-15. 2017. doi.org/10.1038/nature.2017.22521.

Dawson, M. N., Martin, L. E., Penland, L. K. "Jellyfish Swarms, Tourists, and the Christ-child(해파리 떼와 관광객과 아기 예수)." In Purcell, J. E., Graham, W. M., Dumont, H. J. (eds.), *Jellyfish Blooms: Ecological and Societal Importance*. vol. 155 (2001). doi.org/10.1007/978-94-010-0722-1_12.

Drye, Willie. "The Gilded Legend of El Dorado(엘도라도의 황금 전설)." *National Geographic*, May 4, 2021. nationalgeographic.com/history/article/el-dorado? loggedin=true&rnd=1686072728670.

Epifani, Mike. "Kaindy Lake Is a Ghostly Underwater Forest(카인디 호는 수중 유령 숲이다)." *Discovery*. discovery.com/exploration/Kaindy-Lake-Ghostly-Underwater-Forest.

Frazer, Jennifer. "Playing in a Deep-Sea Brine Pool Is Fun, as Long as You're an ROV(심해 염수호에서 노는 것은 재미있다. 당신이 원격 조종 수중 로봇이라면)." *Scientific American*, June 18, 2015. blogs.scientificamerican.com/artful-amoeba/playing-in-a-deep-sea-brine-pool-is-fun-as-long-as-you-re-an-rov-video.

Gannon, Megan. "Entombed in Asphalt(아스팔트에 파묻힌)." *Archaeology*, 71(2) March/April 2018, pp. 46-9.

Gorman, James. "U. S. Team Drills through to Antarctic Lake(미국 팀이 남극 대륙의 호수까지 구멍을 파다)." *New York Times*, January 28, 2013.

Graham, Karen. "Armchair Traveler: The Mysterious Sunken Forest in Lake Kaindy(방구석 여행자: 카인디호의 불가사의한 수중 숲)." *Digital Journal*, March 15, 2016. digitaljournal.com/life/armchair-traveler-kaindy-lake-s-brooding-sunken-forest/article/460235.

Herszenhorn, David M., and James Gorman. "Russian Scientists Bore into Ancient Antarctic Lake(러시아 과학자들이 오래된 남극 대륙 호수까지 구멍을 뚫다)." *New York Times*, February 8, 2012.

Inman, Mason. "The Plan to Unlock Lake Vostok(보스토크호의 비밀을 파헤치는 계획)." *Science*, vol. 310, no. 5748 (October 28, 2005), pp. 611-12. jstor.org/stable/3842683.

Krajick, Kevin. "Defusing Africa's Killer Lakes(아프리카 살인 호수들의 위험을 제거하다)." *Smithsonian Magazine*, September 2003. smithsonianmag.com/science-nature/defusing-africas-killer-lakes-88765263.

Larson, Douglas. "The Recovery of Spirit Lake(스피릿호의 회복)." *American Scientist*, 81(2), 1993, pp. 166-77. jstor.org/stable/29774872.

Losiak, A., Wild, E.M., Geppert, W.D., Huber, M.S., Jõeleht, A., Kriiska, A., Kulkov, A., Paavel, K., Pirkovic, I., Plado, J., Steier, P., Välja, R., Wilk, J., Wisniowski, T. and Zanetti, M. (2016), "Dating a small impact crater: An age of Kaali crater (Estonia) based on charcoal emplaced within proximal ejecta(작은 운석 충돌구의 연대 측정: 중심부 분출물 속에 관입한 숯을 기반으로 측정한 칼리 운석 충돌구[에스토니아]의 나이)." *Meteorit&Planet Science*, 51: 681-695. https://doi.org/10.1111/maps.12616

Preston, Douglas. "The Skeletons at the Lake(호수에 남은 해골)." *New Yorker*, December 7, 2020. newyorker.com/magazine/2020/12/14/the-skeletons-at-the-lake.

Sarkar, Jaimini. "Drilling at Lake Vostok by the Russians(러시아인의 보스토크호 시추)." *Current Science*, vol. 102, no. 10 (May 25, 2012).

Sawyer, D. E., Mason, R. A., Cook, A. E., et al. "Submarine Landslides Induce Massive Waves in Subsea Brine Pools(해저 산사태가 해저 염수 웅덩이에 거대한 파도를 일으키다)." *Scientific Reports* 9 (2019), p. 128. doi.org/10.1038/s41598-018-36781-7.

Stromberg, Joseph. "This Alkaline African Lake Turns Animals into Stone(아프리카의 이 염기성 호수가 동물들을 돌로 변화시키다)." *Smithsonian Magazine*, October 2, 2013. smithsonianmag.com/science-nature/this-alkaline-african-lake-turns-animals-into-stone-445359.

Thorson, Thomas B. "Movement of Bull Sharks, Carcharhinus Leucas, Between Caribbean Sea and Lake Nicaragua Demonstrated by Tagging(확인 표지 추적으로 카리브해와 니카라과호를 오간 황소상어의 이동 경로가 밝혀지다)." *Copeia*, no. 2 (1971), pp. 336-38. doi.org/10.2307/1442846.

Williams, A. R. "'Haunted' Maya Underwater Cave Holds Human Bones('귀신 들린' 마야의 수중 동굴에서 발견된 인간의 뼈)." *National Geographic*, January 16, 2014. nationalgeographic.com/adventure/article/140116-maya-mexico-yucatan-cenote-bones-haunted-taboo-archaeology-science.

Wogan, Hicks. "See the Grotesque Beauty of Mining Waste(광산 폐기물의 기괴한 아름다움을 보라)." *National Geographic*, September 7, 2021. nationalgeographic.com/magazine/article/see-the-grotesque-beauty-of-mining-waste.

Wrobel, G., Hoggarth, J., Marshall, A. "Before the Maya: A Review of Paleoindian and Archaic Human Skeletons Found in the Maya Region(마야인 이전: 마야 문명 지역에서 발견된 고인디언과 고대 인류의 골격 분석)." *Ancient Mesoamerica* 32(3), 2021, pp. 475-85.

Yan, Wudan. "The Nuclear Sins of the Soviet Union Live On in Kazakhstan(소련이 저지른 핵 범죄의 영향은 여전히 카자흐스탄에 남아 있다)." *Nature* 568 (2019), pp. 22-4. doi.org/10.1038/d41586-019-01034-8.

웹사이트

Andrews, Robin. "This Is What Happens When You Fall into One of Yellowstone's Hot Springs(옐로스톤 온천에 빠지면 일어나는 일)." Forbes.com, December 10, 2016. forbes.com/sites/robinandrews/2016/12/30/this-is-what-happens-when-you-fall-into-one-of-yellowstones-hot- springs/?sh=7d4a6a3b162b.

Arrandale, Tom. "Has Anyone Died from Falling in a Geyser?(간헐천에 빠져 죽은 사람이 있는가?)." Yellowstone National Parks Trips, October 7, 2022. yellowstonepark.com/things-to-do/ geysers-hot-springs/cautionary-tale.

Ball, Philip. "The Chinese Are Obsessed with Building Giant Dams(거대한 댐 건설에 집착하는 중국인)." BBC Future, February 24, 2022. bbc.com/future/article/20151014-the-chinese-are-obsessed-with-building-giant-dams.

Cooper, Dr. Jago. "El Dorado: The Truth Behind the Myth(엘도라도: 전설 뒤에 숨어 있는 진실)." BBC News, January 14, 2013. bbc.com/news/magazine-20964114.

Doyle, James. "Into the Centipede's Jaws: Sumptuous Offerings from the Sacred Cenote at Chichén Itzá(지네의 턱 속으로: 치첸이트사의 성스러운 세노테에서 나온 화려한 봉헌물)." Metropolitan Museum of Art, May 21, 2018. metmuseum.org/blogs/now-at-the-met/2018/golden-kingdoms-sacred-cenote-chichen-itza.

Galloway, Lindsey. "China's Atlantis of the East(중국에 있는 동양의 아틀란티스)." BBC Travel, July 23, 2014. bbc.com/travel/article/20140711-chinas-atlantis-of-the-east.

Gautier, Agnieszka. "The Maracaibo Beacon(마라카이보호 등대)." EarthData NASA, September 28, 2016. earthdata.nasa.gov/learn/sensing-our-planet/the- maracaibo-beacon.

Grange, Kevin. "The Old Man of the Lake(호수의 노인)" National Parks Conservation Association, Fall 2011. npca.org/articles/1016-the-old-man-of-the-lake.

Henriques, Martha. "The Men Who Mine the 'Devil's Gold'('악마의 금'을 채굴하는 사람들)." BBC Future, February 21, 2019. bbc.com/future/article/20190109-sulphur-mining-at-kawah-ijen-volcano-in-indonesia.

NASA Earth Observatory. "The Floating Logs of Spirit Lake(스피릿호의 떠다니는 통나무들)." Images by Lauren Dauphin. earthobservatory.nasa.gov/images/149025/the- floating-logs-of-spirit-lake.

———. "Baikal's Giant Ice Rings(바이칼호의 거대한 얼음 고리)." Images by Lauren Dauphin. earthobservatory.nasa.gov/images/146220/baikals-giant-ice-rings.

National Parks Service. "Crater Lake: The Old Man(크레이터호: 노인)." June 17, 2022. nps.gov/crla/learn/nature/ theoldman.htm.

———. "Isle Royale: SS Kamloops(아일로열: 캄룹스호)." November 24, 2020. nps.gov/isro/learn/historyculture/ss-kamloops.htm.

———. "Yellowstone: Hot Springs(옐로스톤: 온천)." October 26, 2017. nps.gov/yell/learn/nature/hot-springs.htm.

Nordyke, M. D. "The Soviet Program for Peaceful Uses of Nuclear Explosions(평화적 목적을 위한 소련의 핵폭발 계획)." DOE OSTI.gov (2000), pp. 14-16. doi.org/10.2172/793554.

Porter, Molly. "Earth's New Lightning Capital Revealed(지구의 새로운 번개 수도가 드러나다)." NASA.gov, May 2, 2016. nasa.gov/centers/marshall/news/news/releases/2016/earths-new-lightning-capital-revealed.html.

Smithsonian Channel. "China from Above—Season 2 Mountains and Rivers(하늘에서 본 중국—시즌 2 산과 강)." smithsonianchannel.com/shows/china-from-above/ve64td/season-2.

UNESCO World Heritage Convention. "La Brea Pitch Lake(라브레아 피치호)." whc.unesco.org/en/tentativelists/5645.

Vallangi, Neelima. "The Unsolved Mystery of Skeleton Lake(해골 호수의 풀리지 않은 미스터리)." BBC Travel, July 6, 2021. bbc.com/travel/article/20210705-the-unsolved-mystery-of- skeleton-lake.

Yellowstone Volcano Observatory, USGS. "The Diverse Chemistry of Yellowstone's Hydrothermal Features(옐로스톤 열수 지형의 다양한 화학적 특성)." December 16, 2019. usgs.gov/observatories/yvo/news/diverse-chemistry-yellowstones-hydrothermal- features.

과학이 동동 시리즈는 알아 가는 기쁨을 담은 과학책을 소개합니다.
동동 떠오르는 호기심을 따라, 과학을 만나 보세요!

지은이 **지오 러더퍼드**
위스콘신 대학교에서 겸임 교수로 재직하면서, 블루레이크 예술 캠프에서 시각예술 디렉터로 활동하고 있다. 예술 활동의 일환으로 시작한 호수에 대한 연구를 틱톡에 공유하면서 전 세계 틱톡 사용자의 주목을 받았다. 특히 매년 10월에 올리는 '으스스 호수' 시리즈로 180만 구독자의 사랑을 받았으며, 어린이들이 과학 콘텐츠에 꾸준히 관심을 가질 수 있도록 돕고 있다. 이를 엮어 만든 그림책 《으스스 호수》로 〈뉴욕 타임스〉 베스트셀러에 올라 큰 화제를 모았다.

옮긴이 **이충호**
서울대학교 사범대학 화학과를 졸업하고, 교양 과학과 인문학 분야 번역가로 활동하고 있다. 2001년 《신은 왜 우리 곁을 떠나지 않는가》로 제20회 한국과학기술도서 번역상을 수상했다. 옮긴 책으로 《사라진 스푼》 《과학 잔혹사》 《미적분의 힘》 《비만 해방》 《불안 세대》 《마침내 특이점이 시작된다》 《진화심리학》 등이 있다.